beck'sche reihe

bsr

Jörg Echternkamp hat 101 Fragen zum Zweiten Weltkrieg so ausgewählt und angeordnet, dass sie insgesamt eine leicht lesbare Einführung in das komplexe Geschehen der größten militärischen Auseinandersetzung der Weltgeschichte ergeben. Die Fragenbündel «Der Weg in den Krieg», «Der Krieg in Europa», «Ausweitung zum Weltkrieg und Kriegswende», «Kriegsende(n)» und «Kriegsfolgen» erzählen die Geschichte des Krieges chronologisch, über die Eckdaten 1939 und 1945 hinaus. Andere Kapitel greifen aktuelle, immer wieder brisante Themen auf wie «Wehrmacht» oder «Kriegsalltag in Deutschland», wieder andere informieren über bedeutende Ereignisse und Personen. Kenntnisreich kombiniert Echternkamp unterschiedliche wissenschaftliche Herangehensweisen zu einem vielseitigen Bild des letzten «totalen Krieges» auf dem neuesten Forschungsstand.

Jörg Echternkamp ist Historiker am Militärgeschichtlichen Forschungsamt Potsdam sowie Gastdozent an der Martin-Luther-Universität Halle-Wittenberg und der Université Paris 1 (Panthéon-Sorbonne). Er hat zahlreiche Pubilkationen zur deutschen und europäischen Geschichte des 19./20. Jahrhunderts vorgelegt und ist einer der besten Kenner des Zweiten Weltkriegs.

Jörg Echternkamp

Die 101 wichtigsten Fragen

Der Zweite Weltkrieg

Verlag C. H. Beck

Mit einer Karte

Originalausgabe

Satz: Fotosatz Amann, Aichstetten
Druck und Bindung: Druckerei C. H. Beck, Nördlingen
Umschlagentwurf: malsyteufel, Willich
Umschlagbild: Invasion in der Normandie,
Wikipedia Commons, public domain
Printed in Germany
ISBN 978 3 406 59314 7

www.beck.de

Inhalt

Totaler Krieg

Kriegsalltag in Deutschland

Ereignisse

Personen

Kriegsende(n)

Kriegsfolgen

Vorbemerkung

Der Zweite Weltkrieg ist nicht Geschichte. Zwar dient er heute nicht mehr als maßgebliche Zäsur der Lebenszeit, während es für die ältere Generation ein Leben vor dem Krieg gegeben hatte; zwar ist die Nachkriegszeit endgültig vorbei, seit 1989/90 der Kalte Krieg zu Ende ging. Doch der lange Schatten dieses bislang größten militärischen Konfliktes reicht noch immer in die Gegenwart: Kriegskinder, Kriegsverbrecher, Kriegsverräter sind Stichworte, mit denen der Zweite Weltkrieg zuletzt in die Schlagzeilen geriet – von der Kontroverse über die so genannte Wehrmachtsausstellung vor einigen Jahren zu schweigen. Stets schlugen die Wellen hoch, führten Kriegsthemen zu Deutungskämpfen. Denn die öffentliche Erinnerung an die Vergangenheit zielt nicht zuletzt auf das politische Selbstverständnis derer, die sich erinnern. Die *allererste* Frage lautet daher nicht, ob das historische Thema nach so vielen Jahrzehnten noch von Bedeutung ist, sondern ob man seiner Vielschichtigkeit mit 101 Fragen überhaupt gerecht werden kann?

Die Weltkriegsforschung interessiert sich schon lange nicht mehr nur für die militärischen Operationen. Vielmehr werden spätestens seit den 1990er Jahren die gesellschaftlichen, wirtschaftlichen, technischen und kulturellen Bedingungen und Folgen der Kriegführung untersucht. Wie kein anderes Ereignis war der Zweite Weltkrieg ein «totaler Krieg», der nicht nur an den Fronten, sondern auch an der – wie es in der Propaganda hieß – «Heimatfront» geführt wurde. Zum Kriegsalltag im Deutschen Reich gehörten die Bombenangriffe, die Nächte im Luftschutzkeller, die Evakuierung der Kinder und «Ausgebombten» ebenso wie der Einsatz von Zwangsarbeitern in der Industrie und Landwirtschaft, schließlich die Mobilisierung von Jugendlichen und älteren Menschen im so genannten Deutschen Volkssturm. Vor allem jedoch ist der Zweite Weltkrieg unauflöslich mit dem Holocaust verbunden. Der industrielle Massenmord an den europäischen Juden wäre ohne den Krieg nicht möglich gewesen und hing von seinem Verlauf ab. Von vornherein wurde der Krieg an der inneren und der äußeren Front geführt. Das Kriegsziel Nr. 1 war die rasseideologische Neuordnung Europas unter deutscher Vorherrschaft. War es in früheren militärischen Großkonflikten darum gegangen, das eigene Territorium zu erweitern oder eine gegnerische Macht in die Knie zu zwingen, waren dies jetzt nur Etappen auf dem

Weg zum eigentlichen Ziel. Eine moderne Geschichte des Zweiten Weltkriegs hat dieser Komplexität Rechnung zu tragen: Neben die militärische und politische Ereignisgeschichte muss deshalb die sozial- und kulturgeschichtliche Betrachtung treten.

Dieser Leitlinie folgt der vorliegende Band. Er soll zum einen über die Fakten informieren, die das historische Grundgerüst bilden, zum anderen eine problemorientierte, gleichwohl gut lesbare Einführung auf dem Stand der Forschung liefern. Dazu wird auch manch bislang wenig beachtetes Thema angesprochen, das die neueste Forschung erst jüngst beleuchtet hat. Einige Fragen, die auf den ersten Blick Details gelten, veranschaulichen einen komplexen Zusammenhang am konkreten Beispiel. Das Format der Reihe kommt diesem Ansatz entgegen, denn nichts zwingt stärker zur Konzentration auf einen ausgewählten Aspekt als die ausdrückliche Frage danach. Irreführend wäre es jedoch, aus dem Frage-Antwort-Schema die Erwartung abzuleiten, dass, wenn schon die Frage offensichtlich auf eine Auswahl zurückgeht, zumindest die gegebene Antwort die einzig mögliche ist. Damit ist nicht nur gemeint, dass manche Fakten strittig, manche Zahlen geschätzt sind, sondern dass auch die Antworten zu den zeitgeschichtlichen Kontroversen gehören, die für die Forschung zu einem so umstrittenen Gegenstand typisch sind. Auf die sonst üblichen bibliographischen Nachweise muss dabei verzichtet werden. Die Leserinnen und Leser werden sie in der knappen Einführung nicht vermissen, und die Experten wissen auch so, was und wer gemeint ist.

Drei weitere Vorentscheidungen geben dem Band Kontur. Zum einen soll er den Blick über die deutsche Geschichte hinaus auf die globale Dimension lenken – wie könnte das bei einem *Welt*krieg auch anders sein? Wenn der Rolle Deutschlands insgesamt mehr Platz eingeräumt wird, dann nicht zuletzt, weil der Krieg von deutschem Boden ausging und dorthin zurückkehrte. Zum anderen setzt der Band für die Jahre zwischen 1939 und 1945 den Akzent auf den nationalsozialistischen Krieg, auf die Verquickung von Nationalsozialismus und Krieg, nicht aber auf das NS-Regime insgesamt. (Zum «Dritten Reich» liegt in dieser Reihe ein Band von Wolfgang Benz vor.) Schließlich ist auch nach den Folgen des Krieges und seiner Gegenwärtigkeit zu fragen. Da Ereignisse und Personen der Kriegszeit in Politik, Kultur und Gesellschaft der Nachkriegszeit präsent sind, da der Krieg den historischen Hintergrund für aktuelle Themen wie das Soldatengedenken oder das Traditionsverständnis der Bundeswehr bildet, soll auch die «zweite Geschichte» des Zweiten Weltkriegs dort skizziert werden, wo es sinnvoll ist. Zehn Kapitel verdichten einzelne Fragen zu Themenblöcken. Zunächst geht es chronologisch um den Kriegsverlauf: um die Vorgeschichte des Krieges seit 1918/19, seine Anfangsphase, die Ausweitung zum Weltkrieg und die Kriegswende. Fünf systematisch angelegte Kapitel drehen sich um die Institution Wehrmacht, den Typus des «totalen» Krieges, den Kriegsalltag in Deutschland und um wichtige Ereignisse und Personen. Die letzten beiden Kapitel folgen am Ende wie eine Klammer wieder dem Zeitverlauf und beleuchten das Kriegsende sowie die Folgen des Krieges. Der Verweis auf Internetseiten ermöglicht den raschen Zugriff auf Hörzitate und Bildmaterial. Alle 101 Fragen machen im besten Fall neugierig auf mehr. Die Fachliteratur hält Antworten bereit und wird neue Fragen stellen, schließlich ist der Zweite Weltkrieg in der Geschichte noch lange nicht passé.

Der Weg in den Krieg

1. Warum glaubten viele Deutsche, den Krieg 1918/19 nicht wirklich verloren zu haben? Kaum hatten die deutschen Streitkräfte im November 1918 die Waffen gestreckt, bemühten sich reaktionäre Zeitungen um eine Ehrenrettung: Das deutsche Heer sei im Felde unbesiegt, stand dort zu lesen, und nur durch einen Dolchstoß in den Rücken erledigt worden. Wie war das gemeint? Der Vorwurf galt der am 3. Oktober 1918 gebildeten parlamentarischen Regierung und zielte auf die geringe Unterstützung der Truppe. Die Novemberrevolution hätte einen durchaus noch möglichen Sieg vereitelt, meinten gar die einen, während die anderen glaubten, dass es zumindest bessere Friedensbedingungen gegeben hätte, wenn die Moral des Heeres nicht durch Streiks und Meutereien untergraben worden wäre.

Mit dieser antidemokratischen «Dolchstoßlegende» sollte die militärische Niederlage im Westen schöngeredet, wenn nicht verschleiert werden. Nicht das Militär, sondern ein Teil der Zivilbevölkerung sei daran schuld, lautete die Botschaft der Obersten Heeresleitung (OHL). Hindenburg selbst, der zusammen mit der OHL im Oktober 1918 einen Waffenstillstand mit der Feststellung gefordert hatte, dass die militärische Niederlage unabwendbar sei, suchte die

Öffentlichkeit zu täuschen. Die Legende war ungemein attraktiv für alle, die sich weder mit der Niederlage noch mit dem neuen politischen System abfinden wollten. Kaum eine andere Verschwörungstheorie hat so langfristig dazu beigetragen, den Vertrag von Versailles und die Weimarer Demokratie abzulehnen. Als «Novemberverbrecher» wurden die Sozialdemokraten diffamiert und, in der antisemitischen Version, auch die deutschen Juden als Agenten des «internationalen Judentums». Kein Wunder, dass die Nationalsozialisten auf diese nationalkonservative Geschichtsfälschung nur zu gerne zurückgriffen. In der Logik der Dolchstoßlegende lag der Umkehrschluss für den künftigen totalen Krieg: Die Zivilbevölkerung musste viel effektiver mobilisiert werden, die «Heimatfront» durfte nicht noch einmal wanken. Die Parole lautete fortan: Durchhalten bis zum Schluss. So kam es dann ja auch.

2. Begann der Weg in den Zweiten Weltkrieg in einem Pariser Vorort? «Warum auf den Ersten Weltkrieg ein zweiter folgen musste» hieß es im Juli 2009 auf der Titelseite des Nachrichtenmagazins *Der Spiegel*, das mit einer historischen Reportage über den Versailler Vertrag aufmachte. Der hatte 90 Jahre zuvor das Ende des Krieges von 1914/18 besiegelt und dann zwangsläufig zum Kriegsausbruch von 1939 geführt – wie zumindest der Titel weismachen will. Wäre das korrekt, könnte man die Weimarer Republik, die erste deutsche Demokratie, im Geschichtsunterricht in nur einer Unterrichtsstunde abhandeln. War sie nicht bedeutungslos, wenn es nach Versailles so oder so zum Zweiten Weltkrieg gekommen wäre, ganz gleich, wie viele Menschen nach den Gewalterfahrungen die Nase voll hatten vom Krieg? Wer die Zwangsläufigkeit dieser historischen Entwicklung unterstellt, schreibt darüber hinaus die Geschichte zugunsten der Nationalsozialisten um. Denn wenn der Krieg von 1939/45 aus dem Friedensschluss von 1919 folgte, ging er auf das Konto der Alliierten, die für die Nachkriegskonstellation verantwortlich waren. Hitler hatte demzufolge den Krieg nicht angezettelt. Seine Entscheidung, Krieg zu führen, wäre vielmehr das Resultat dessen gewesen, was die Anderen zuvor beschlossen hatten. Ganz abgesehen davon, dass Geschichte nie ohne Alternativen verläuft (und «Zwangsläufigkeit» deshalb im Wortschatz der Historiker/innen so nicht vorkommt), führt diese Deutung zu einem absurden Ergebnis: Am Krieg sind letztlich die schuld, gegen die er sich richtete.

Allerdings legte der Versailler Vertrag wesentliche Rahmenbedingungen für die Zwischenkriegszeit fest, unter denen Adolf Hitler 1933 die «Machtergreifung» gelang. Im Schloss von Versailles, einem Vorort von Paris, wurde am 28. Juni 1919 ein Vertrag unterzeichnet, der den Krieg zwischen dem Deutschen Reich und Frankreich, Russland, dem Vereinigten Königreich und Italien auch förmlich beendete. Der Vertrag stellte im Artikel 231 fest, dass allein das Deutsche Reich und seine Verbündeten «als Urheber für alle Verluste und Schäden verantwortlich» seien, die den Gegnern infolge des «aufgezwungen(en)» Krieges entstanden seien. Aus diesem berüchtigten «Kriegsschuldartikel», der auf deutscher Seite als einseitige Schuldzuweisung kritisiert wurde, resultierte eine doppelte Strafe. Zum einen musste das Reich zahlreiche Gebiete abtreten: darunter im Westen Elsass-Lothringen, im Norden Nordschleswig, im Osten unter anderem Westpreußen (ohne Danzig) – ein Verlust von rund 13 Prozent des Reichsgebiets. Sämtliche Kolonien wurden darüber hinaus dem eben erst gegründeten Völkerbund unterstellt, dem Vorläufer der Vereinten Nationen. Zum anderen sollte das Reich den Siegermächten zur Wiedergutmachung Reparationen zahlen, Geld- und Sachleistungen wie die Demontage von Industrie im Ruhrgebiet. Beides schwächte die Wirtschaftskraft. Deshalb und weil die Deutschen von den Verhandlungen ausgeschlossen waren, war der Vertrag in der Weimarer Republik von der extremen Rechten bis zu den Sozialdemokraten als «Diktat von Versailles» und «Schandfrieden» verschrien. Seine Revision war ein außenpolitisches Ziel ersten Ranges. Die gefesselte Germania am Marterpfahl war ein weit verbreitetes Motiv von Postkarten, mit denen in den 1920er Jahren für das «Sprengen der Fesseln» agitiert wurde. Kein Wunder, dass Hitler hier durch die Wiedereinführung der Wehrpflicht und die Besetzung des Rheinlandes punkten konnte. Doch auch damit war ein zweiter Weltkrieg längst nicht programmiert. Weil sie Hitlers aggressive Außenpolitik lediglich als Mittel der Revision des Vertrages deuteten und nicht als erste Schritte zu einem Eroberungs- und Vernichtungskrieg, begnügten sich die Alliierten mit einer Beschwichtigungspolitik (*Appeasement*) und gaben Hitler dadurch Zeit, weiter aufzurüsten.

3. Wie viele Soldaten gab es zur Zeit des «Hunderttausend-Mann-Heeres»? Jedenfalls nicht hunderttausend. Sonst wäre die Frage kaum so formuliert. «Was ist diese Reichswehr? Eine Pensionsanstalt? Vereinigung zur Pflege des Rennsports? Eine Aktenmaschine, die nur Arbeit in sich leistet? Ein Kriegerverein?» Nur ätzenden Spott hatte der pazifistische Schriftsteller und Journalist Kurt Tucholsky 1920 für das Berufsheer der krisengeschüttelten Weimarer Republik übrig. Seine Kritik galt nicht nur der, wie er meinte, Verschwendung von Steuergeldern, sondern auch der Kontinuität eines unbedarften Militarismus, der sich von der Urkatastrophe des Ersten Weltkriegs wie der Revolution unbeeindruckt zeigte.

Der Versailler Vertrag hatte die Personalstärke der Armee des Kaiserreichs auf ein Heer von 100 000 Mann und eine Marine von 15 000 Mann verringert, die zudem weitgehend entwaffnet werden sollten. Luftstreitkräfte sollte es gar nicht mehr geben, einen Generalstab auch nicht. Kein Wunder, dass das Militär alles andere als begeistert war. Das Offizierkorps, das sich größtenteils der Republik gegenüber distanziert, wenngleich formal loyal verhielt, ignorierte die Bestimmung des Vertrages und bunkerte übrig gebliebene Waffen, Munition und Ausrüstung. Zwar sollte die Interalliierte Militär-Kontrollkommission (IMKK) die Abrüstung überwachen, doch war den Alliierten eine starke nationalkonservative Bewegung immer noch lieber als ein Erstarken der Sozialisten.

Damit nicht genug. Neben dem offiziellen Heer entwickelte sich bald, zum Teil mit stillschweigender Zustimmung der Behörden, eine illegale «Schwarze Reichswehr». Gemeint ist die Vielzahl paramilitärischer Verbände, die einer Reservearmee gleichkam. Im engeren Sinn zählten dazu die Arbeitskommandos des Majors Bruno Buchrucker (die heimlich im Wehrkreiskommando III angesiedelt waren und dort laut Buchrucker 18 000 Mann umfassten), im weiteren Sinn etwa auch die Brigade Erhard, der «Stahlhelm», die Sturmabteilung (SA) der NSDAP sowie die zahlreichen Einwohnerwehren. Das Heer leistete interne Militärhilfe, indem es nicht nur die Waffen, sondern auch die Ausbildungsstätten und die Ausbilder zur Verfügung stellte. Zu illegalen Waffentests mit Artillerie und Panzer reisten die passionierten Hobby-Soldaten in die Sowjetunion. Nach der Machtübernahme der Nationalsozialisten setzte Hitler auf die erfahrenere Reichswehr – zum Ärger der parteieigenen SA, die 1934 entmachtet wurde (Röhm-Putsch). Ihren Generälen eröffnete er bereits am 3. Februar 1933 sein Regierungsprogramm. Am 2. August 1934 ließ Reichswehrminister Werner von Blomberg die Reichswehr auf die Person Hitler vereidigen, der wenig später, am 16. März 1935, die Wehrpflicht in Deutschland wieder einführte. Aus der Reichswehr war die Wehrmacht geworden. Tucholsky war zu der Zeit längst im schwedischen Exil, wo er noch im selben Jahr durch eine Überdosis Schlafmittel ums Leben kam.

4. 1914–18: Gute Zeiten? Schlechte Zeiten? oder: Wie wurde das Kriegserlebnis literarisch verarbeitet? *In Stahlgewittern, Im Westen nichts Neues, Wanderer zwischen beiden Welten*: Das waren die Titel von Bestsellern, die bis zu Beginn des Zweiten Weltkriegs Millionen Deutsche verschlungen hatten. Ihr Thema: das Kriegserlebnis von 1914/18. Die unterschiedliche literarische Verarbeitung des Krieges zeugt exemplarisch von zweierlei Erinnerungen an den Krieg. Die einen hatten angeblich eine gute Zeit, die anderen eine schlechte. Bereits im Krieg begannen Soldaten, ihre Eindrücke auf den Schlachtfeldern festzuhalten. Ganz oben auf der Liste der Motive stand die Frontkameradschaft, wie sie etwa Walter Flex im «Wanderer» 1916 idealisierte; es folgten die Tapferkeit vor dem Feind und der Kampf, den Ernst Jünger in seinem Kriegstagebuch «In Stahlgewittern» als eine Art Extremsportart für Männer verherrlichte. Jünger zählte zu den prominenten Autoren des Soldatischen Nationalismus. So nennt man die Kriegsliteratur des Ersten Weltkriegs, in der militaristische und nationalistische Zutaten zu einer Glorifizierung des Kriegserlebnisses verrührt wurden. Dem standen, nicht minder bekannt, eher pazifistische Schilderungen gegenüber, die den Krieg durch beißende Kritik entzauberten. «Krieg» nannte das KPD-Mitglied Ludwig Renn kurz und bündig den Roman, in dem er seine Erlebnisse an der Westfront, vor allem seine Vereinsamung als Landser, beschrieb. Der bis heute bekannteste Antikriegsroman gelang 1929 dem Schanzsoldaten Erich Maria Remarque, den es aus Osnabrück nach Flandern an die Front verschlagen hatte. Der Krieg, wie er ihn erlebt hatte, zerstörte kulturelle Werte, entmenschlichte die Soldaten und verbaute ihre Zukunft. Das Buch wurde 1930 in den USA erstmals verfilmt; randalierende Nationalsozialisten störten die Berliner Premiere von *All Quiet on the Western Front*, noch 1930 wurde der Film verboten. Bis heute hat das Buch eine Gesamtauflage von 30 bis 40 Millionen Exemplaren. Remarque gehört zu den Klassikern der Antikriegsautoren. Doch wer kennt heute noch Walter Flex? Und doch: Das Lied «Wildgänse rauschen durch die Nacht» (mit schrillem Schrei nach Norden ... Die Welt ist voller Morden), das auf ein Gedicht seines

Romans zurückgeht, entwickelte sich zu einem zählebigen Soldatenlied. Die Wehrmacht sang es, die Bundeswehr auch, und in der «Mundorgel» – jenem kleinen roten Liederbuch des CVJM, das Anfang der 70er Jahre jeder zweite junge Bundesbürger besaß – findet es sich ebenfalls.

5. Welche außenpolitischen Coups stärkten bis 1938 Hitlers Image als «Führer»? Die nationalsozialistische Außenpolitik zielte auf eine Revision des Versailler Vertrags. So zumindest schien es zunächst nach außen. Tatsächlich stand sie ganz im Zeichen des Weltmachtstrebens. Diese Spannung zwischen der Wahrnehmung im In- und Ausland einerseits und den wahren Antriebskräften andererseits führte immer wieder zu außenpolitischen Erfolgen, die ihre innenpolitische Wirkung nicht verfehlten. Aus taktischen Gründen setzte Hitler die Zusammenarbeit mit der UdSSR fort und verlängerte am 4. April 1933 den Nichtangriffsvertrag. Auch Polen gegenüber hielt er sich mit den üblichen Revisionsforderungen zur Verblüffung vieler zurück; stattdessen wurde ein Nichtangriffspakt unterzeichnet. Das war ein Überraschungscoup, der als Zeichen einer neuen Außenpolitik galt, die bilaterale Abkommen an die Stelle des kollektiven Sicherheitssystems setzte. Der Austritt des Deutschen Reiches aus dem Völkerbund am 14. Oktober 1933, für den Querelen um die Abrüstung den Anlass geboten hatten, ließ an dieser Abkehr keinen Zweifel.

Das Reich war außenpolitisch isoliert, die Regierung jedoch zusätzlich gestützt nach Reichstagswahlen, die von Propaganda und Terror begleitet waren. Die Volksabstimmung über die Zukunft der Saar bescherte Hitler einen weiteren Prestigeerfolg: 91 Prozent der Bevölkerung sprachen sich am 13. Januar 1935 für die Wiedervereinigung mit dem Deutschen Reich aus. Gut zwei Monate später folgte die nächste Überraschung: die Wiedereinführung der Allgemeinen Wehrpflicht. Mit diesem Verstoß gegen die internationalen Verträge wurde, nun ganz offen, die Aufrüstung vorangetrieben, mit der die Reichswehr insgeheim längst begonnen hatte. Weitere Schritte folgten: ein Flottenabkommen mit England (18. Juni 1935); die Besetzung der entmilitarisierten Zone des Rheinlandes (7. März 1936), ein Vabanquespiel angesichts der realen militärischen Verhältnisse; die militärische Unterstützung des Diktators Francisco Franco im Spanischen Bürgerkrieg, gemeinsam mit Mussolini, 1936; der antikommunistische Zusammenschluss der faschistischen Diktaturen

Deutschland und Japan im «Anti-Kominternpakt» (25. November 1936), dem ein Jahr später Italien beitrat; schließlich der Einmarsch deutscher Truppen in Österreich (12. März 1938), das nach einer Volksabstimmung ins Reich eingegliedert wurde. «Heim ins Reich» hieß es wenig später auch für die Sudetendeutschen. Im Münchener Abkommen (30. September 1938) stimmten Großbritannien und Frankreich zu, dass die Tschechoslowakei das «Sudetenland» räumen musste. Ein halbes Jahr später marschierte die Wehrmacht in Prag ein und «zerschlug die Rest-Tschechei» (15. März 1939). Aus Sorge vor einem neuen, verlustreichen Krieg hatten Briten und Franzosen gehofft, durch Zugeständnisse Hitler den Wind aus den Segeln nehmen zu können. Doch im Frühjahr 1939 war der Punkt gekommen, wo sie mit der Garantie der polnischen Unabhängigkeit ein Signal setzten – zu spät. Mit einem weiteren Coup, dem deutsch-sowjetischen Nichtangriffspakt und seinem geheimen Zusatzprotokoll (23. August 1939), erweiterte Hitler seine militärischen Möglichkeiten an der Ostgrenze des Reiches.

Hitler hatte durch die aggressive Außenpolitik seinen Handlungsspielraum deutlich vergrößert. Seine verblüffenden Erfolge wurden als Etappensiege des überkommenen Revisionismus missverstanden. Sie nährten den Mythos vom charismatischen «Führer» und erhöhten die Popularität eines Mannes, der sich als «Vollstrecker des Volkswillens» gerieren konnte. Dieser Stabilisierung der Herrschaft im Inneren stand die Destabilisierung der äußeren Mächteverhältnisse gegenüber. Das internationale System der Sicherheit war immer mehr ins Wanken geraten. Weil die Einzelstaaten mit ihren eigenen wirtschaftlichen und politischen Problemen beschäftigt waren, bestanden kaum Chancen auf eine gemeinsame Konfliktregulierung.

6. Was meinte der Duce, als er 1936 von der «Achse Berlin-Rom» sprach? Kaum kämpften deutsche und italienische Soldaten im Spanischen Bürgerkrieg Schulter an Schulter auf der Seite Francos, sprach der italienische Diktator Benito Mussolini, der Duce, in Mailand von einer Achse Berlin-Rom. Das Sprachbild sollte bis 1939 die Wesensgleichheit und die kraftvolle Verbindung zwischen dem faschistischen Italien und dem nationalsozialistischen Deutschland zum Ausdruck bringen. Auf die Annäherung an den Duce hatte Hitler hingewirkt, um das Reich aus der außenpolitischen Isolation zu holen. Antikommunismus und Aggressionspolitik bildeten das

Schmiermittel dieser Achse, die 1937 zum Beitritt Italiens zum deutsch-japanischen Kominternpakt und im Mai 1939 zu einem militärisch-wirtschaftlichen Bündnis, dem «Stahlpakt», führte. Während des Krieges machten Italiener und Deutsche auf dem Balkan und in Afrika gemeinsame Sache. Am 27. September 1940 wurde die Verbindung Richtung Asien verlängert. Mit der Unterzeichnung des Dreimächtepaktes trat auch Japan dazu. Nun war von der Achse Berlin – Rom – Tokio die Rede. «Achsenmächte» (Axis Powers) lautete schließlich die Bezeichnung für sämtliche Verbündeten des Deutschen Reiches: neben Italien und Japan auch Ungarn, Rumänien, Kroatien, Bulgarien, Slowakei und Finnland.

Am Rande: Eine überraschende Renaissance erlebte der Begriff der Achse im Januar 2002, als der US-amerikanische Präsident George W. Bush Nordkorea, Iran und Irak als die «Achse des Bösen» (Axis of Evil) bezeichnete, die gemeinsam mit Terroristen den Weltfrieden bedrohten.

7. Ab wann setzte Hitler auf militärische Gewalt? Die Frage ist nicht korrekt gestellt. Bei flüchtiger Betrachtung könnte man rückblickend meinen, Hitlers Außenpolitik sei langsam, aber sicher immer radikaler geworden, habe schließlich in den Krieg geführt und sich dann weiter verschärft. Die mangelnde Entschlusskraft der Alliierten, Hitler frühzeitig Einhalt zu gebieten, und seine beispiellosen militärischen Erfolge 1939/40 hätten schließlich dazu geführt, dass Hitler den Bogen durch den Angriff auf die Sowjetunion überspannt habe und in einen Weltkrieg hineingeraten sei, den er nicht mehr habe gewinnen können.

Nichts indes könnte von der historischen Realität weiter entfernt sein. Von Beginn an diente der konsensfähige Anspruch, im Zuge einer Revision des Versailler Vertrages die deutschen Grenzen zu korrigieren, die deutsche Großmachtposition wiederherzustellen und die Hegemonie in Mitteleuropa wiederzuerlangen, lediglich als ein Mittel zum Zweck. Den gab die nationalsozialistische Ideologie vor, nicht die außenpolitische Konstellation des Versailler Systems. Hitler und seinen Statthaltern ging es stets um die Verwirklichung der Expansionspläne im Zeichen eines rassistischen Weltbildes. Das setzte militärische Gewalt voraus. Von Anfang an führte das NS-Regime deshalb einen Krieg an zwei Fronten: im Reich gegen all jene, Juden und Linke vor allem, die nicht zur «nationalsozialistischen

Volksgemeinschaft» gezählt wurden, außerhalb des Reiches gegen all jene, die sich der deutschen Expansion widersetzten. In diesem doppelten Sinn gehörten Krieg und Kampf zu den Schlüsselbegriffen des Nationalsozialismus. Der Massenmord an den europäischen Juden war mit dem militärischen Konflikt unauflösbar verbunden. Die Täuschung war auch aus innenpolitischen Gründen notwendig. Kaum ein «Volksgenosse» hätte sich ohne weiteres für einen neuen Weltkrieg begeistern lassen. Zu frisch und zu uneinheitlich war die Erinnerung an 1914/18. «Revision des Schanddiktats! Sicherung des Friedens!» tönte daher die offizielle Propaganda. Als eine große Friedensbewegung hatte Hitler die Nationalsozialisten in seiner ersten außenpolitischen Rede vor dem Reichstag am 17. Mai 1933 hingestellt. Doch jeder Erfolg, den ein dogmatischer Hitler aufgrund seiner riskanten Außenpolitik vorzuweisen hatte, stärkte den Führermythos und sicherte dem Reichskanzler die Unterstützung des nationalkonservativen Bürgertums und der alten politischen und militärischen Elite. Deren Vorstellungen entsprangen vor allem dem Nationalismus und Imperialismus des 19. Jahrhunderts. Daran konnte die rassistische Lebensraum-Ideologie anknüpfen, für die die Anwendung militärischer Gewalt grundsätzlich selbstverständlich war.

8. Was war das Geheimnis des Hitler-Stalin-Pakts? Geleugnet hatte die sowjetische Seite das brisante Dokument bis 1989. Das Zusatzprotokoll zu dem am 23. August 1939 in Moskau geschlossenen deutsch-sowjetischen Nichtangriffsvertrag passte einfach nicht ins Bild. Es sollte nicht sein, was nicht sein durfte: die Kumpanei zwischen den Diktatoren der UdSSR und des «Dritten Reiches», die in den Schulbüchern des Westens als «Hitler-Stalin-Pakt» bezeichnet wurde. In einem Zusatzprotokoll zu dem Vertrag hatten beide Seiten die Teilung Polens vereinbart und ihre Interessensphären im Baltikum, in Finnland und in Rumänien abgesteckt – «für den Fall einer territorialpolitischen Umgestaltung», wie es im deutschen Text heißt. Dass der deutsche Außenminister Joachim von Ribbentrop und der Vorsitzende des Rates der Volkskommissare Wjatscheslaw M. Molotow plötzlich Hand in Hand gingen, passte nicht zu den heftigen propagandistischen Attacken, die in beiden Ländern zuvor geritten worden waren. Kein Wunder, dass die Bevollmächtigten ausdrücklich vereinbarten, die delikate Angelegenheit geheim zu behandeln.

Das Abkommen war von großer strategischer Bedeutung. Weil er auf eine militärische Konfrontation nicht vorbereitet war und Zeit gewinnen wollte, schlug Stalin ein. Sollten doch die westlichen Demokratien, denen er ohnehin misstraute, gegen das NS-Regime vorgehen! Hitler kamen nicht nur die Rohstoff- und Lebensmittellieferungen aus der UdSSR zugute. Der Vertrag sorgte vielmehr dafür, dass die Wehrmacht in Ruhe Polen angreifen konnte. Und er gab Hitler die diplomatische und militärische Rückendeckung für den Krieg im Westen; bereits 1939 wurden die Pläne für den Angriff auf Frankreich vorbereitet. Dafür schluckte der «Führer» die Kröte, seinen erklärten Antibolschewismus hintanzustellen.

Wie die Appeasement-Politik in London und Paris war auch dieser Vertrag alles andere als ein Zeichen des Widerstandes gegen Hitlers Aggressionspolitik – was die Verantwortlichkeit auf deutscher Seite um keinen Deut mindert. Das Fatale des Hitler-Stalin-Paktes liegt nicht zuletzt in seiner Nachwirkung. Bis heute haben die Menschen in Ost- und Mitteleuropa unter den Folgen des Krieges besonders zu leiden. Nachdem Michail Gorbatschow einen Untersuchungsausschuss eingesetzt hatte, wurde das Dokument 1989 «gefunden», veröffentlicht und für nichtig erklärt.

PS: Bei der Aufteilung Polens orientierte man sich an einer Demarkationslinie, die der britische Außenminister George Nathaniel Curzon nach dem Ersten Weltkrieg vorgeschlagen hatte, um polnisches und sowjetisches Territorium voneinander abzugrenzen. Diese «Curzon-Linie» zog sich von Dünaburg im Norden über Wilna, Grodno, Brest, entlang dem Bug und durch Galizien bis Przemyśl. Polen konnte dagegen eine weiter östlich liegende Grenze durchsetzen, die auch weißrussisches und ukrainisches Gebiet umfasste. Besonders bitter für die polnische Exilregierung: Als sich die Alliierten im Februar 1945 in Jalta auf die künftige polnische Ostgrenze einigten, richteten auch sie sich nach der «Curzon-Linie». Deutsche Gebiete östlich von Oder und Neiße sollten den Verlust ausgleichen. – So still und leise wie die beidseitige Bosheit ließen Moskau und Berlin 2009 den 70. Jahrestag der Vertragsunterzeichnung verstreichen.

9. Begann der Krieg bereits 1937 mit dem Konflikt zwischen Chinesen und Japanern auf der Marco-Polo-Brücke in Peking?

Würde in einer deutschen Quizshow nach dem Beginn des Zweiten Weltkriegs gefragt, dann lautete die richtige Antwort vermutlich: «am 1. September 1939». Säße aber im Studio oder vor dem Bildschirm ein Chinese, wäre der verblüfft. Seine Antwort hätte sicher gelautet: «am 7. Juli 1937». Beide haben Recht, der Chinese vielleicht ein bisschen mehr. Schließlich reden wir von einem *Welt*krieg und sollten daher den Blick nicht allein auf Europa richten. Dort markiert der Überfall auf den polnischen Nachbarn, das Niederbrechen der Grenzbäume, den Beginn der Kampfhandlungen; vorangehende Konflikte wie die Zerschlagung der Tschechoslowakei 1938 waren Vorboten, aber keine Kriege. Die Chinesen haben ein anderes Bild im Kopf, wenn es um den Kriegsbeginn geht: den Zwischenfall an der Marco-Polo-Brücke zwei Jahre zuvor. Nachdem die japanische Armee sich gewaltsam Zugang zu der chinesischen Garnisonsstadt Wanping südwestlich von Peking verschafft hatte, wo sie einen vermissten Soldaten vermutete, eskalierte der Konflikt, und schon wenige Tage später griffen die Japaner Peking an. Mit dem Feuergefecht an der Steinbogenbrücke begann ein größerer, internationaler Konflikt, zumal Japan ab 1938 auch mit der Sowjetunion in eine militärische Auseinandersetzung geriet. Bei genauerem Hinsehen spricht deshalb einiges dafür, mit Blick auf den ostasiatischen und pazifischen Kriegsschauplatz den Beginn des Zweiten Weltkriegs «vorzudatieren».

Die Periodisierung ist häufig ein wirkungsvolles Instrument der Geschichtspolitik. Für viele Japaner beginnt der Krieg nicht 1937, sondern mit dem Angriff Japans auf Pearl Harbor am 7. Dezember 1941. Andere sprechen von einem 15-jährigen Krieg, der mit dem Sprengstoffanschlag japanischer Offiziere in der Mandschurei, dem Mukden-Zwischenfall, am 15. September 1931 begonnen habe. Auch im sowjetischen, ja noch im russischen Geschichtsbild lenkt die Datierung von unangenehmen Zwischenfragen ab. Am Beginn des «Großen Vaterländischen Krieges», wie er bis heute heißt, steht nicht die Zerschlagung Polens, bei der Stalin und Hitler gemeinsame Sache machten. Auch der sowjetisch-finnische Winterkrieg 1939/40 bleibt außen vor. Stattdessen wählte man den 22. Juni 1941, den Tag des deutschen Angriffs, zum Ausgangspunkt einer heroisierenden Erinnerung an den Krieg gegen den Faschismus.

Um auf die Quizsendung zurückzukommen: Sollte der Moderator auch nach dem *Ende* des Zweiten Weltkriegs fragen, käme der Kandidat mit der Antwort «am 8. Mai 1945» der nächsten Gewinnstufe näher. Doch auch hier sind unterschiedliche Antworten möglich. Wiederum verändert sich der Zeitrahmen, wenn man den asiatischen Kriegsschauplatz nicht aus dem Blick verliert. Die Kapitulation der

Japaner am 16. August 1945, nach dem Abwurf der Atombomben auf Hiroshima und Nagasaki am 6. und 9. August, beendete den Krieg in Asien – und damit den Weltkrieg insgesamt. Zum Sinnbild für das Ende des globalen Konflikts und den Beginn einer neuen Ära taugt das Foto von der Unterzeichnung der Kapitulationsurkunde ohnehin viel weniger als die Aufnahme vom Atompilz über Hiroshima.

10. Nutzte der Skandal um ein Aktmodell Hitlers Griff nach der militärischen Macht? Als die Ex-Prostituierte Erna Gruhn, 23, am 12. Januar 1938 Werner von Blomberg heiratete und Frau Reichskriegsminister wurde, sollte das ihrem Mann, der nicht ganz auf dem Laufenden war, schlecht bekommen. Der Reichskriegsminister und Oberbefehlshaber der Wehrmacht war führenden Nationalsozialisten ein Dorn im Auge, nicht etwa, weil er etwas gegen das NS-Regime hatte, sondern weil er die Begeisterung für Hitlers aggressive Kriegspläne aus militärfachlichen Gründen nicht teilen wollte. Zwar hatte die Geheime Staatspolizei (Gestapo) längst eine belastende Akte über Erna Gruhn angelegt, die auch als Aktmodell posiert hatte, doch Heinrich Himmler und Hermann Göring, der selbst nach dem Amt schielte, ließen von Blomberg ins offene Messer laufen. Kurz nach der Hochzeit wurden Gerüchte im Offizierkorps gestreut. Der Chef hatte gegen die eigene Heiratsverordnung verstoßen, die den «einwandfreien Ruf» der Braut vorschrieb. Hitler, eben noch Trauzeuge, gab sich nun empört, und Blomberg musste gehen. Das Amt des Kriegsministers wurde bei der Gelegenheit gleich ganz abgeschafft. Der Oberbefehlshaber des Heeres Werner von Fritsch, normalerweise Blombergs Nachfolger, hatte indes keinen Grund zur Freude, wurde er doch selbst sogleich zum Opfer einer Intrige. Um die persönliche Integrität des konservativen Generals zu zerstören, hieß es: Fritsch ist homosexuell! – eine unhaltbare Unterstellung, wie sich am 14. März 1938 nach einem militärgerichtlichen Verfahren herausstellte. Doch da war es bereits zu spät.

Das wäre nicht nur Stoff für das Boulevardmagazin. Brisant ist der Vorfall vor allem militärgeschichtlich. Denn durch die Intrigen sicherte sich Hitler den unmittelbaren Einfluss auf die Wehrmacht. «Die Befehlsgewalt über die gesamte Wehrmacht übe ich von jetzt an unmittelbar persönlich aus», teilte Hitler per Erlass vom 4. Februar 1938 mit. An die Stelle des Kriegsministeriums trat das Oberkommando der Wehrmacht (OKW), das Hitler direkt unterstellt war. Sein

Chef, Wilhelm Keitel – wegen seiner Unterwürfigkeit auch Lakeitel genannt –, führte die Kriegsvorbereitung widerspruchslos durch. Erstmals in der neueren deutschen Militärgeschichte war das Militär der politischen Führung komplett untergeordnet. Eigentlich eine gute Sache; Pech nur, dass ein verbrecherisches Regime die Fäden in der Hand hielt. Die «Blomberg-Fritsch-Krise» gehört auch deshalb zu den dunklen Kapiteln der Militärgeschichte, weil die Generalität trotz des Skandals stillhielt und die Chance verstreichen ließ, gegen die Entmachtung der Wehrmacht durch die NSDAP aufzubegehren.

Der Krieg in Europa

11. Warum belog Hitler am 1. September 1939 den Reichstag? In der Nacht hätten erstmals auch reguläre polnische Soldaten auf deutschem Territorium geschossen, behauptete Hitler gegenüber dem Reichstag. Die polnischen Übergriffe sollten den Angriff auf Polen rechtfertigen, mit dem der militärische Konflikt in Europa begann. Mit einer Kriegserklärung hielt sich der «Führer» nicht weiter auf. 57 Divisionen marschierten in zwei Angriffskeilen (der Heeresgruppe Nord und Süd) Richtung Osten. Binnen weniger Tage überwanden sie die polnischen Divisionen, am 28. September 1939 kapitulierte die Hauptstadt Warschau, am 6. Oktober streckten die letzten polnischen Soldaten die Waffen. Die polnische Regierung floh ins Exil. So lange hatten die «Einsatzgruppen» der SS nicht gewartet. Sie folgten der Wehrmacht auf dem Fuß und überzogen das besetzte Gebiet mit einem Terror, in dem manche Historiker den Auftakt des Vernichtungskrieges in Osteuropa sehen. Die SS ermordete rund 60 000 polnische Lehrer, Professoren, Ärzte, Priester und Angehörige der Gewerkschaft und Arbeiterbewegung. Die Fahndungslisten mussten nur aus der Schublade gezogen werden. Der eine Teil des polnischen Gebiets – Danzig-Westpreußen, Warthegau – wurde dem Reich zugeschlagen, der andere bildete fortan das «Generalgouvernement». (Die östliche Landeshälfte hatte derweil die Rote Armee besetzt, wie es im Deutsch-Sowjetischen Nichtangriffspakt insgeheim festgelegt worden war.) Frankreich und Großbritannien hatten Deutschland zwar am 3. September den Krieg erklärt, doch die militärische Unterstützung Polens blieb weitgehend aus.

Offiziell ging es in dem seit Monaten schwelenden Konflikt zunächst auch um eine neue Autobahn. Der deutsche Außenminister drängte auf einen extraterritorialen Teilabschnitt der noch zu bauenden Transitstrecke durch den polnischen Korridor zwischen Berlin und Königsberg. Gewichtiger war natürlich seine Forderung, Danzig wieder in das Reichsgebiet einzugliedern, das nach dem Ersten Weltkrieg als Freie Stadt unter der Kontrolle des Völkerbundes stand. In Wirklichkeit allerdings hatte Hitler von Anfang an ein längerfristiges Ziel im Blick: die «Arrondierung des Lebensraums im Osten» und «die Sicherstellung der Ernährung». Im Frühjahr 1939 hatte das Reich den 1934 geschlossenen Nichtangriffspakt mit seinem östlichen Nachbarn aufgekündigt, als Polen endgültig erklärte, Danzig dem Reich zu überlassen. Am 31. August 1939 leitete Hitler den «Fall Weiß» ein, den Angriff auf Polen, auf den sich die Wehrmacht bereits seit April vorbereitet hatte. Mit einem Trick sorgte er für einen Vorwand. Der SD täuschte am Abend des 31. August die Besetzung des im oberschlesischen Grenzgebiet liegenden Reichssenders Gleiwitz vor – eine von mehreren Inszenierungen. Ob das SS-Kommando dabei polnische Uniformen getragen hat, ist umstritten. Einen getöteten deutschen KZ-Häftling in polnischer Uniform ließ man als vermeintlichen Täter zurück.

Der Überfall auf Polen war eindeutig ein von langer Hand geplanter Akt einer ideologisch verbrämten Expansionspolitik. Doch Hitlers Wortwahl im Reichstag suggerierte das Gegenteil. Zu behaupten, es werde ab 5.45 Uhr *zurück*geschossen und «Bombe mit Bombe *vergolten*», sollte der Öffentlichkeit suggerieren, dass der «Führer» in Notwehr handelte und die Wehrmacht nur einmarschierte, um Deutschland zu verteidigen. Den Anschein eines völkerrechtswidrigen Angriffskrieges wollte Hitler vermeiden, um über den aggressiven Grundzug seiner Außenpolitik weiter hinwegzutäuschen. Übrigens irrte sich Hitler in der Uhrzeit: Die ersten Schüsse fielen bereits um 4.45 Uhr, als deutsche Sturzkampfbomber (Stukas) die Stadt Wieluń angriffen und das Linienschiff *Schleswig-Holstein* die Danziger Westerplatte beschoss.

PS: Das Tondokument findet sich unter http://de.encarta.msn.com/.

12. Was war an der Westfront so merkwürdig, dass man von einem «Komischen Krieg» sprach? Der ohrenbetäubende Lärm von Artilleriefeuer, Panzern und marschierenden Truppen erfüllte nach der französischen und britischen Kriegserklärung vom 3. September 1939 die Luft hinter der Westgrenze des Deutschen Reiches nicht. Mit dem Überfall auf Polen war der Casus Belli zwar eingetreten und man befand sich im Krieg – aber in einem komischen. An der Westfront herrschte eine, von wenigen Scharmützeln abgesehen, kampflose Phase des Krieges. Was war da los? Zunächst einmal war die Kriegserklärung nicht so sehr ein Ausdruck der Entschlossenheit, das «Dritte Reich» mit militärischen Mitteln in die Schranken zu weisen und den Verbündeten zu entlasten, sondern eine Folge der politisch-diplomatischen Verpflichtung gegenüber Polen. Sodann überschätzten Paris und London die Kampfkraft der Wehrmacht und bezweifelten, dass sie es mit den Divisionen des deutschen Heeres aufnehmen und die militärische Verteidigungslinie an der Westgrenze des Reiches, den «Westwall», überwinden könnten. (Die Franzosen, für die der Westwall im Osten lag, sprachen übrigens von der «Siegfried-Linie».) So blieben kampfbereite Divisionen lieber hinter dem eigenen Befestigungsgürtel, der Maginot-Linie, in Deckung. Irgendwann würde das britische Expeditionskorps ja eintreffen und die eigene Kampfkraft durch intensive Aufrüstung deutlich erhöht sein. Zwischenzeitlich widmeten sich beide Seiten der Propaganda. Die Männer verteilten Flugblätter, hielten Plakate hoch und beschallten den Gegner mit Lautsprechern. Und so kam es, dass die Soldaten weniger vor Müdigkeit gähnten als vor Langeweile. Die Monate von September 1939 bis Mai 1940 hatten rasch ihren Spottnamen weg: «Drôle de guerre» (komischer Krieg) hieß es unter den französischen Soldaten, von einem «phoney war» (unechten Krieg) sprachen die britischen, von einem «Sitzkrieg» die deutschen. Mehr los war hinter den Kulissen. Während die Franzosen auf die Verteidigung setzten, feilte die Wehrmachtführung an ihrem Angriffsplan, verlegte die Einheiten an die Westgrenze und rüstete auf. Acht Monate später war es dann so weit. In der Westoffensive («Fall Gelb») griff die Heeresgruppe B das neutrale Belgien und die Niederlande an, während weiter südlich die Heeresgruppe A durch die Ardennen zur Kanalküste vorstieß, so die Maginot-Linie umging und alliierte Truppenverbände frühzeitig einschloss («Sichelschnitt»). Die Heeresgruppe C griff zwischen Metz und Basel an. In Westeuropa herrschte jetzt Krieg, echt.

13. Warum lagen am Strand von Dünkirchen so viele Stahlhelme herum oder: *Where have all the soldiers gone?* Der bizarre Anblick reizte den Fotografen zu einer surrealistisch anmutenden Aufnahme. Sie zeigt den Strand der nordfranzösischen Hafenstadt Dunkerque (Dünkirchen) nahe der belgischen Grenze übersät mit Stahlhelmen. Von Soldaten keine Spur. Bis hierhin an den Ärmelkanal hatten sich die französische 1. Armee und die Britischen Expeditionsstreitkräfte (BEF) – militärische Gastarbeiter, die dem französischen Oberbefehlshaber in Arras unterstellt waren – auf der Flucht vor der Wehrmacht in der ersten Phase des Westfeldzugs zurückgezogen. Überrascht von dem schnellen Vorstoß der Panzerdivisionen war nicht nur die britische und französische, sondern auch die deutsche Führung. Für eine noch größere Überraschung sorgte jedoch Hitlers Entscheidung am 24. Mai 1940, den Vormarsch zu stoppen. Gab doch die eigentlich nicht ungewöhnliche Atempause für vorgepreschte Truppenteile dem Gegner in diesem Fall die Gelegenheit, aus dem Kessel durch die Evakuierung über das Wasser auszubrechen. Tatsächlich hatte man auf der anderen Seite des Ärmelkanals fieberhaft die «Operation Dynamo» vorbereitet. Die gewaltige Evakuierungsaktion war ein voller Erfolg. Als die Wehrmacht Dünkirchen am 6. Juni einnahm, stieß sie nur noch auf die französische Nachhut, immerhin rund 80 000 Mann. Die meisten Gegner waren evakuiert. Etwa 247 000 britische und 123 000 französische Soldaten waren rechtzeitig eingeschifft und in Sicherheit gebracht worden. (Aus ihnen rekrutierte General Charles de Gaulle später jene Exilarmee, die nach der Landung der Alliierten in der Normandie 1944 mit den Briten kämpfte und an der Befreiung Frankreichs beteiligt war.) Am Erfolg der größten Rettungsaktion konnte auch der Oberbefehlshaber der Luftwaffe, Hermann Göring, nichts ändern. Immer wieder sicherte die Royal Air Force mit ihren modernen Jagdflugzeugen vom Typ Spitfire die Lufthoheit über Dünkirchen. «Franzosen und Engländer sind weg», notiert der Generalstabschef des Heeres, General Franz Halder, in sein Tagebuch. Zurück blieben die schweren Ausrüstungsgegenstände – und Hunderte Helme.

14. Wie kam ein französischer Großraumwaggon aus dem Museum in den Wald von Compiègne? In einem Waldstück bei Compiègne, in einem Eisenbahnwaggon, unterzeichneten der Leiter der zivilen deutschen Delegation Matthias Erzberger und der alliierte

Oberbefehlshaber Ferdinand Foch das Waffenstillstandsabkommen; die Niederlage des Deutschen Reiches war besiegelt. Das war am 11. November 1918. In einem Waldstück bei Compiègne, in einem Eisenbahnwaggon, unterzeichneten die Generale Wilhelm Keitel und Charles Huntziger ein Waffenstillstandsabkommen; die Niederlage Frankreichs war besiegelt. Das war am 22. Juni 1940. An ein und demselben Ort wurde zweimal ein Waffenstillstand geschlossen, unter umgekehrtem Vorzeichen. Natürlich blieb dieser symbolische Akt nicht dem Zufall überlassen. Der Waggon mit dem hohen Symbolwert wurde eigens aus dem Museum geholt. Es braucht auch nicht viel Phantasie, um sich vorzustellen, welche Genugtuung das dem zum «Führer» des «Tausendjährigen Reiches» aufgestiegenen Gefreiten des Ersten Weltkriegs Adolf Hitler und vielen Volksgenossen bereitete.

Die zweite Phase der Westoffensive hatte es möglich gemacht. Eine Woche zuvor hatte die Wehrmacht Paris besetzt, kampflos. Andere Truppenteile drangen nach Süden bis zur Schweizer Grenze und nach Westen Richtung Atlantikküste vor. Frankreich wurde mit dem Waffenstillstandsabkommen zweigeteilt. Im Norden herrschten die deutschen Besatzer, im Süden das Vichy-Regime, die Marionettenregierung unter Marschall Philippe Pétain. Widerstand kam allein aus dem Exil. In London stellte General Charles de Gaulle das Komitee «Freies Frankreich» zusammen und ernannte sich zum Chef der «Freien Französischen Streitkräfte».

Und was wurde aus dem Waggon? Nach der Unterzeichnung wurde er in Berlin vor dem Brandenburger Tor und im Lustgarten ausgestellt. Im April 1945 ließ Hitler ihn durch die SS abfackeln. Seit 1950 steht ein baugleicher Waggon wieder auf der Lichtung bei Compiègne – als Exponat einer Gedenkstätte. Hier war der Waggon bereits in der Zwischenkriegszeit zu besichtigen gewesen, nachdem er sechs Jahre lang im Ehrenhof des Armeemuseums in Paris ausgestellt worden war. Gibt es weltweit noch einen Eisenbahnwagen von der symbolischen Güte dieses Waffenstillstands-Waggons?

Am Rande: Der berühmte Waffenstillstand von Compiègne existiert für die Franzosen nicht, jedenfalls nicht auf Französisch. Auf der anderen Seite des Rheins ist stattdessen vom Armistice de Rhetondes die Rede, so hieß die Waldlichtung, auf der der Waggon stand.

15. Warum erinnert man sich an die Weserübung in Skandinavien besser als im Weserland? Weil sie nichts mit dem norddeutschen Weserland, aber alles mit Norwegen und Dänemark zu tun hatte. Deren Besetzung lief am 7. April 1940 unter dem Decknamen «Unternehmen Weserübung» an. Die Angriffe der Kriegsmarine auf die beiden neutralen Staaten im Norden haben die westlichen Alliierten kalt erwischt, weil sie wie gebannt auf die militärische Entwicklung in Frankreich starrten. Das Ziel der Invasion: die norwegischen Häfen in deutsche Gewalt zu bekommen, bevor die Briten sie besetzten und für eine Seeblockade nutzten. Zu wichtig auch war das im schwedischen Kiruna abgebaute und über die nordnorwegische Hafenstadt Narvik transportierte Eisenerz für die deutsche Rüstungsproduktion. Sieben deutsche Divisionen landeten auf dem See- und Luftweg in Oslo, Kristiansand, Stavanger, Bergen und Narvik. Während die Angreifer in Dänemark so gut wie gar nicht auf Widerstand stießen, setzten sich norwegische Soldaten, von britischen, französischen und polnischen Truppen zunächst unterstützt, so lange zur Wehr, bis König Håkon am 9. Juni die Kampfhandlungen einstellen ließ. Zuvor hat die Reichsregierung gegenüber der dänischen und norwegischen Regierung erklärt, sie komme nicht in feindlicher Absicht, sondern weil sie es nicht zulassen könne, dass die Westmächte von den beiden skandinavischen Staaten aus Krieg gegen Deutschland führten. Hitler forderte sie daher ultimativ auf, die deutsche Besetzung widerstandslos hinzunehmen. In Dänemark blieb dann die eigene Regierung bis zur Erklärung des Ausnahmezustands am 29. August 1943 im Amt. In Norwegen musste der König fliehen, die sozialdemokratische Regierung ging ins Exil nach London, und ein faschistischer Politiker rief den Staatsstreich aus.

16. Warum nennt man Kollaborateure auch Quislinge? Fieslinge kennt jeder, aber Quislinge? Vidkun Quisling hieß jener faschistische Politiker, der in Norwegen mit der deutschen Besatzungsmacht unter Reichskommissar Josef Terboven kollaborierte. Er hatte 1933 die faschistische Partei Nasjonal Samling gegründet und Hitler 1939 vorgeschlagen, die norwegischen Häfen zu besetzen. Von 1942 bis 1945 war er «Ministerpräsident» einer vom NS-Regime abhängigen «nationalen Regierung». Quisling wurde kurz nach Kriegsende wegen Hoch- und Landesverrats zum Tode verurteilt und am 24. Oktober 1945 hingerichtet. Sein Gerichtsverfahren war der Startschuss für weitere Prozesse gegen führende Kollaborateure in anderen europäischen Staaten im selben Jahr.

Nach Kriegsende stand Quisling als Inbegriff für alle Chefs von Kollaborationsregierungen. Von den Alliierten eingeführt, wurde der Name Quisling zum Schlagwort für «Verräter» und «Kollaborateur». So titulierte die Presse Pétain und Laval in Frankreich, Milan Neditsch und Ante Pawelitsch in Jugoslawien oder Léon Degrelle in Belgien als «Quislinge»: als Verräter an ihrem Volk und Marionetten Hitlers. Die Bedeutung löste sich bald aus ihrem nationalsozialistischen Zusammenhang. So machten sich west- und ostdeutsche Politiker in der frühen Nachkriegszeit gegenseitig als «Quislinge» verächtlich. Den Sozialdemokraten Kurt Schumacher zum Beispiel beschimpfte das «Neue Deutschland» am 15. November 1947 als einen «Quisling», weil er «die deutschen Interessen an das amerikanische Monopolkapital abgetreten» habe. Auch wenn man den norwegischen Politiker nicht mehr kennt: Für deutsche Ohren klingt Quisling wegen der vermeintlichen Endung -ling nach der Bezeichnung für eine Person; der Reim auf «Fiesling» begünstigt die Eignung als Schimpfwort für Opportunisten.

17. Welche Folgen hatte die «Luftschlacht um England»? Der Krieg gegen England galt der Sowjetunion, indirekt. Um im Osten freie Hand zu haben, sollte zunächst England besiegt werden, das sich trotz der Niederlage Frankreichs weigerte aufzugeben. Mit Luftangriffen wollte Hitler die Briten zwingen, klein beizugeben. Ein Landeunternehmen, das er unter dem Decknamen «Seelöwe» planen ließ, schien ihm noch zu riskant. Ab dem 13. August 1940 flogen deutsche Jagd- und Bombenflugzeuge Angriffe auf Großbritannien, bis Ende August rund 4780. Doch gelang es der Luftwaffe weder die Lufthoheit zu gewinnen noch die Royal Air Force «auszuschalten». Das lag nicht zuletzt an dem Radar-Frühwarnsystem, das die Royal Air Force an der Südküste installiert hatte. Zudem waren die deutschen *Stukas* den britischen Jägern im Luftkampf unterlegen. Am 24. August startete die Luftwaffe trotz knapper Ressourcen zusätzliche Bombenangriffe auf Wohnbezirke und auf Industriestädte wie Birmingham, um die Zivilbevölkerung zu zermürben und die Infrastruktur zu verwüsten. Doch die deutsche Propaganda übertrieb den Erfolg der Zerstörungen in London und Coventry (14./15.11.1940). Zwar richtete die Luftwaffe große materielle Schäden an, zwar wurden über 40 000 britische Zivilisten getötet und über 52 000 verletzt, doch den Widerstandswillen konnte sie nicht brechen. Rund 2500 Bomber und Jäger gingen in dieser «Luftschlacht um England» verloren. Für Hitler war der Angriff auf die Insel daher ein Schlag ins Wasser. An eine Invasion war nicht zu denken, von einer britischen Friedenserklärung ganz zu schweigen. Hitler änderte seine Strategie und konzentrierte die Planung darauf, zuerst doch die UdSSR – Englands «Festlandsdegen» – zu besiegen und sein Eroberungsprogramm im Osten voranzutreiben, zumal sich abzeichnete, dass die USA über kurz oder lang die Führung im Westen übernehmen würden. Für weitere Zerstörungen sorgten in späteren Kriegsjahren die so genannten Baedeker-Angriffe auf London und andere kulturell bedeutsame Städte (als «Vergeltungsangriffe» nach der britischen Bombardierung von Lübeck und Rostock im Frühjahr 1942) sowie die V 1 und V 2-Raketen nach der Landung der Alliierten in der Normandie 1944.

Für die Briten hat dieses Kapitel ihrer Geschichte bis heute eine besondere Bedeutung. Die Luftschlacht – The *Blitz* – hatte das Zeug zum Mythos. Hatte nicht die Nation in einer gemeinsamen Kraftanstrengung einem übermächtigen, heimtückischen Gegner getrotzt? Der Erfolg verdankte sich, so hieß es lange, nicht nur der schlagkräftigen Royal Air Force, sondern auch der (weiblichen) Zivilbevölkerung, die an der «Heimatfront» zusammengehalten habe, über alle sozialen Unterschiede hinweg. Diese idealisierende Vorstellung des «people's war», die bereits während des Krieges durch Propagandafilme aus Hollywood wie *Mrs. Miniver* geprägt wurde, bekam erst in den letzten Jahren Risse.

18. War der Blitzkrieg ein Blitzkrieg? Der Begriff wurde nicht, wie man meinen könnte, während des Zweiten Weltkrieges geprägt, sondern bereits Mitte der dreißiger Jahre. In der deutschen Militärpresse bezeichnete «Blitzkrieg» eine Kriegführung, die durch die Aufbietung der gesamten Kampfkraft von Anfang an eine rasche Entscheidung erzwingt. Plötzliche, überraschende Panzervorstöße sollten eine Antwort auf die Schützengrabenkämpfe des Ersten Weltkriegs sein. Nach den raschen Anfangserfolgen der Wehrmacht in Polen, Belgien, den Niederlanden und Frankreich machte die NS-Propaganda die griffige Formel populär. Sie signalisierte die militärische Überlegenheit des «Dritten Reiches». Zwei Bedeutungen des Wortes sind auseinanderzuhalten. Zum einen kann Blitzkrieg im operativtaktischen Sinn den konzertierten Einsatz von Luftwaffe und Panzerverbänden bezeichnen, die die Front durchbrechen, in die Tiefe des Raumes vordringen und so den Gegner lähmen und einschließen. Zum anderen bedeutet Blitzkrieg im strategischen Sinn einen Plan im Rahmen der Kriegführung, durch die Verbindung des Militäreinsatzes mit anderen, wirtschaftlichen und gesellschaftlichen Faktoren einen Sieg innerhalb eines vorher festgelegten Zeitraums zu erringen.

In diesem Sinn waren Hitlers Erfolge das Ergebnis seiner genialen Blitzkriegsstrategie. So jedenfalls wollte es die Propaganda. Doch das stimmte nicht, haben Militärhistoriker festgestellt. Tatsächlich hatte Hitler die schnellen Siege gar nicht als Blitzkrieg geplant; im Oberkommando des Heeres war von der Idee des Blitzkriegs keine Rede. Vielmehr hatten Hitler und seine militärischen Führer sich darauf eingestellt, wie im Ersten Weltkrieg mehrere Jahre kämpfen zu müssen. Als dem Panzerkorps Guderian zur allgemeinen Verblüffung bei Sedan ein Durchbruch gelang, erhielt der Westfeldzug jene Eigendynamik, die ihn über den «Sichelschnitt» – die Umgehung des französischen Verteidigungswalls, der Maginot-Linie, durch die Ardennen – und den Vorstoß der Panzer zur Kanalküste führte. Dass die Zeitgenossen dies mit dem Ersten Weltkrieg verglichen, den Sieg binnen sechs Wochen als «blitzartig» empfanden und die Verlustzahlen für äußerst gering hielten, ist nachvollziehbar. Aber die Propaganda beschwor einen Mythos, wenn sie den «Blitzkrieg» auf die hochbewegliche vollmotorisierte Armee zurückführte und so tat, als sei es Hitlers Ziel gewesen, «Menschenmaterial» zu schonen. Eher war es eine Verkettung von Umständen, vor allem von Versäumnissen der französischen Militärs, die zum Zusammenbruch Frankreichs geführt hatte.

Erfolgreich war auf jeden Fall der Vormarsch des Begriffs. Er drang in viele fremde Sprachen ein. Auf Französisch, Englisch und Italienisch zum Beispiel heißt Blitzkrieg *Blitzkrieg.*

19. Wer waren die ersten Hiwis? Hiwi lautete im Jargon der Landser die Kurzbezeichnung für die so genannten Hilfswilligen, die in den besetzten Gebieten für die Wehrmacht, die Polizei oder die SS rekrutiert wurden. Vor allem Russen und Ukrainer, aber auch Polen und Balten wurden als Helfer eingesetzt. Sie gehörten in der Regel nicht der kämpfenden Truppe an, sondern wurden vorwiegend für zivile und polizeiliche Aufgaben herangezogen. Bis zu einer Million sowjetische Bürger arbeiteten für die Wehrmacht, Hunderttausende im Verwaltungsapparat, in Wirtschaftsbetrieben oder bei der Reichsbahn und rund 200 000 für die Polizei. Gegen alle Bedenken, die «Fremdvölkischen» zu bewaffnen, wurden die Osteuropäer auch in den bewaffneten Einsatz gegen die «Partisanen» geschickt und für die Mordaktionen der so genannten Einsatzgruppen eingespannt. In den Ostlegionen aus «Freiwilligen», vor allem in der 1944 aufgestellten Russischen Befreiungsarmee (der Wlassov-Armee), kam das deutlich zum Ausdruck. Die Motive der Hiwis lassen sich im Einzelnen schwer bestimmen, wie grundsätzlich das Mischungsverhältnis von Zwang und Freiwilligkeit während des Krieges in Osteuropa schwer auszutarieren ist. Der Wunsch, den härteren Lebens- und Arbeitsbedingungen in den Lagern zu entgehen und die Überlebenschance zu erhöhen, zählte ebenso zu den Beweggründen wie das antistalinistische Ressentiment gegen die sowjetische Herrschaft. Zuletzt machte der Fall des John Demjanjuk Schlagzeilen, den die USA im Mai 2009 in die Bundesrepublik auslieferten, wo er wegen Beihilfe zum Mord in 27 900 Fällen angeklagt wurde. Nachdem der Ukrainer auf der Krim in Kriegsgefangenschaft geraten sei, habe er sich als Hiwi gemeldet und sei unter anderem im Vernichtungslager Sobibor als KZ-Wächter eingesetzt gewesen.

20. Warum war der Angriff auf die UdSSR keine vorweggenommene Verteidigung? Zu den wirkungsvollsten Propagandalügen des Nationalsozialismus gehört die Behauptung, Deutschland sei mit seinem Krieg gegen die Sowjetunion 1941 einem sowjetischen Angriff nur zuvorgekommen. Im Herbst 1941, spätestens im Frühjahr 1942 sei Stalin drauf und dran gewesen, das Deutsche Reich anzugreifen. Hitlers Wehrmacht habe diese Pläne dann durchkreuzt. So wurde der Angriffskrieg in einen «Präventivkrieg» umgemünzt und für rechtens erklärt. Der Überfall – ein *preemptive strike*? Mit der Realität hat das wenig gemein. Keinen einzigen Beweis hat die Geschichtswissenschaft für diese Präventivkriegsthese gefunden. Alle Spekulation, die Deutschen hätten ihr Vaterland durch das Unternehmen «Barbarossa» nur verteidigt, ist Gerede. Das trifft auch auf die Behauptung zu, dass es seinerzeit unabdingbar gewesen sei, nach einer Teilkapitulation gemeinsam mit den westlichen Alliierten gegen die bolschewistische UdSSR weiterzukämpfen. So oder so: Hier werden ideologische Nebelkerzen gezündet, die den Blick auf den eigentlichen Charakter des nationalsozialistischen Weltanschauungs- und Vernichtungskrieges verstellen (sollen).

Ein ehemaliger in den Westen übergelaufener sowjetischer Geheimdienstoffizier unter dem Decknamen Victor Suvorov hatte mit seinem effekthascherischen Buch «Der Eisbrecher» den Streit 1989 ausgelöst. Hatte nicht der sowjetische Außenminister Molotow bei seinem Besuch vom 12. bis 14. November 1940 Hitler bedrängt, der UdSSR größere territoriale Zugeständnisse zu machen, und so seinen Entschluss zum militärischen Handeln herbeigeführt? Sprachen nicht die beobachtete Konzentration der Roten Armee an der Grenze für Stalins Angriffsabsicht? War nicht die enorme Zahl an Kriegsgefangenen in den ersten Wochen ein weiterer Beweis?

Gegen diese Thesen der «Revisionisten» haben Osteuropa- und Militärhistoriker gezeigt, dass die Quellen, aus denen man angeblich Stalins Absicht herauslesen könne, fragwürdig sind, zumal sie sich nicht recht in die übrige Aktenlage einfügen. Zu den Glaubenssätzen der sowjetischen Militärdoktrin gehörte es noch im Kalten Krieg, Angriffe offensiv abzuwehren, das heißt: den Krieg sofort im Land des Gegners auszutragen. Hier wirkten die Interventionskriege nach 1917/18 nach. Deshalb ballten sich die sowjetischen Streitkräfte im grenznahen Raum keilförmig in Angriffsformation, ohne jedoch zu einem Gegenangriff in der Lage zu sein, wie die deutschen Truppen dann zu ihrer Überraschung feststellten. Zwar mag es sein, dass Stalin zu einem späteren Zeitpunkt, 1942, hätte angreifen wollen und können. Ausgeschlossen jedoch ist, dass Hitler den Befehl zum Angriff gab, weil er von einem drohenden Angriff der Roten Armee ausgehen musste. Der Grund: Hitler besaß eine solche Information gar nicht. Nach allem, was man heute weiß, hatte der militärische Geheimdienst «Fremde Heere Ost» keinen einzigen Hinweis darüber vorgelegt. Hätte es ein Dokument gegeben, Hitler hätte es mit Sicherheit in seiner Reichstagsrede am 22. Juni 1941 der Weltöffentlichkeit präsentiert, mit Wohlgefallen.

Bereits ein knappes Jahr zuvor, in der ersten Julihälfte 1940, hatte sich Franz Halder, Generalstabschef des Deutschen Heeres, auf Hitlers Veranlassung mit der Frage der UdSSR befasst. Am 21. Juli erteilte Hitler den Auftrag, einen Ostfeldzug vorzubereiten, falls möglich bis zum Herbst. Lange vor der förmlichen «Weisung Nr. 21 Fall Barbarossa» vom 18. Dezember 1940 waren die Planungen also angelaufen. Ende Juli wussten OKW und Seekriegsleitung endgültig über Hitlers

Angriffsabsicht Bescheid – und hatten nichts dagegen. Was uns heute absurd erscheint, nahmen die Zeitgenossen 1940 anders wahr. Nach den raschen militärischen Erfolgen selbst gegen den Erzfeind Frankreich waren die meisten überzeugt, dass die UdSSR ein Koloss auf tönernen Füßen sei, den die Wehrmacht binnen weniger Wochen niederringen werde. *Nach* dem Angriff war es für die NS-Propaganda ein Leichtes, das Unternehmen «Barbarossa» gegenüber den Deutschen zu rechtfertigen. Dass hier zunächst keine große Überzeugungsarbeit zu leisten war, dafür sorgten schon der fast flächendeckende Antibolschewismus und die tief verwurzelte Auffassung, es im Osten mit Menschen zu tun zu haben, die irgendwie minderwertig waren.

In der Bundesrepublik bekräftigte der 1963 erstmals erschienene Bestseller «Unternehmen Barbarossa» die Präventivkriegsthese. Hinter dem Autorennamen Paul Carell verbarg sich Paul Karl Schmidt, der ehemalige Pressesprecher des NS-Außenministers Joachim von Ribbentrop und SS-Obersturmbannführer.

Ausweitung zum Weltkrieg und Kriegswende

21. Begann der Weltkrieg auf O'ahu? O'ahu: so heißt die Hawaii-Insel, auf der sich bis heute ein wichtiger Stützpunkt der amerikanischen Pazifikflotte befindet. Bekannter ist die Hafenstadt, wo die Schlachtschiffe vor Anker lagen: Pearl Harbor. Mit dem Namen des Perlenhafens verbinden die Amerikaner bis heute eine traumatische Erinnerung. Am 7. Dezember 1941, kurz vor 8 Uhr morgens, begannen japanische Luftstreitkräfte von Flugzeugträgern aus mit der Bombardierung des Stützpunkts. Ohne Kriegserklärung hatte Japan die USA attackiert. Bei diesem Überraschungsangriff starben mehr als 2400 US-Soldaten, über 1100 Menschen wurden verwundet. Auf japanischer Seite lag die Zahl der Verluste deutlich niedriger: bei 60. Der japanische Kampfverband versenkte fünf Schlachtschiffe, beschädigte drei weitere und zerstörte zahllose Schiffe, Flugzeuge und Militäreinrichtungen. Ihr eigentliches Ziel, die drei modernen Flugzeugträger zu vernichten, erreichten sie allerdings nicht, denn die befanden sich gerade zu einer Übung auf See.

Der Angriff auf Pearl Harbor war der Beginn des amerikanisch-japanischen Krieges. Der hatte tiefere Ursachen, die heute weniger bekannt sind als der spektakuläre Auslöser. Seit dem 19. Jahrhundert schwelte der Konflikt mit Japan, das sich nach Art des westlichen Imperialismus durch Annektionen in Ostasien ausbreitete (1895 Taiwan, 1910 Korea) und sich seit 1937 mit China im Krieg befand. Den USA gefiel diese Expansionspolitik nicht. Weil sie ihre wirtschaftlichen Interessen bedroht sahen, suchten sie Japans Vorrangstellung zu verhindern. Den Einmarsch in Süd-Indochina am 24. Juli 1941 empfand der US-Präsident Franklin D. Roosevelt als Provokation; er reagierte mit Sanktionen und drehte den Erdölhahn zu. Ihn trieb der Albtraum um, dass sich ein nationalsozialistisch beherrschtes Deutschland mit einem übermächtigen Japan gegen die USA verbünden könnte. Der heimtückische Angriff auf Pearl Harbor lieferte Roosevelt auch im übertragenen Sinn Munition. Nun konnte er die Amerikaner, die von dem Gedanken an einen Einsatz ihrer Männer und Söhne in Europa und Asien ganz und gar nicht begeistert waren, hinter sich bringen und in den Krieg militärisch eingreifen. Dieser innenpolitische Zusammenhang nährt bis heute die abstruse, durch nichts belegte Vorstellung, Roosevelt habe den Angriff provoziert und Pearl Harbor mit Absicht geopfert, um sein Land zu mobilisieren. Spätestens durch den Kriegseintritt der Vereinigten Staaten sowie die deutsche und italienische Kriegserklärung an die USA am 11. Dezember 1941 nahm der militärische Konflikt globale Ausmaße an.

Die Gedenkstätte der USS Arizona in Pearl Harbor bezeichnet der National Park Service (NPS) auf der Website (http://www.nps.gov/usar/) daher als «ground zero», wo der Zweite Weltkrieg für die Vereinigten Staaten begonnen habe. Für sie und die Japaner endete er erst nach Hiroshima und Nagasaki. Mit Booten nähern sich Touristen heute vom Besucherzentrum aus dem 1962 eingeweihten Memorial, das sich im Wasser an der Stelle des Angriffs befindet: einer weiß glänzenden umschlossenen Brückenkonstruktion über dem Wrack der USS Arizona, das sich als Silhouette unter dem Wasser abzeichnet. 1100 Männer starben allein auf diesem Schiff, ein düsterer Rekord in der amerikanischen Marinegeschichte. An sie erinnern Gedenktafeln mit den Namen der Gefallenen hinter einem Relief von O'ahu seit 1991, dem 50. Jahrestag.

22. In welcher Seeschlacht kämpft *Das Boot*? Herbert Grönemeyer war dabei, Uwe Ochsenknecht, Martin Semmelrogge und Jürgen Prochnow: eine prominente Besetzung für die Besatzung von U 96, dem wohl bekanntesten U-Boot in der deutschen (Film-) Geschichte. Der bis dato aufwändigste Film «Das Boot» unter der Regie von Wolfgang Petersen kam 1981 in die Kinos und wurde ein Welterfolg, mit 6 Oscar-Nominierungen. 5,8 Millionen Menschen verfolgten damals allein in Deutschland die dramatischen Erlebnisse an Bord, hielten den Atem an, als Zerstörer Wasserbomben auf das Boot warfen und es in der Meerenge von Gibraltar von Flugzeugen beschossen wurde, beim fluchtartigen Abtauchen außer Kontrolle geriet, bis auf 280 Meter Tiefe sank und erst in letzter Minute, kurz bevor der Sauerstoff ausging, unbemerkt auftauchte und schließlich beim Einlaufen in La Rochelle während der Bombardierung des Hafens versenkt wurde. Dem packenden Drehbuch liegt der Roman von Lothar-Günther Buchheim zugrunde, der 1973 erschienen war – mehr als 25 Jahre, nachdem er selbst als Kriegsberichterstatter Ende 1941 an zwei Feindfahrten des U 96 teilgenommen und seine Kriegserfahrungen in Tagebuchnotizen festgehalten hatte.

Diese filmische Inszenierung des U-Boot-Krieges erinnert bis heute wirkungsvoll an einen Kriegsschauplatz, der in der öffentlichen Erinnerungskultur selten präsent ist, seltener jedenfalls als etwa die Ostfront: den Atlantik. Von der «Atlantikschlacht» schwadronierte die NS-Propaganda, wenn sie die Kampfhandlungen der Kriegsmarine gegen die Kriegsschiffe und Geleitzüge der Alliierten im Atlantik während des Zweiten Weltkriegs meinte. Hier ragt vor allem das Duell der beiden Schlachtschiffe *Bismarck* und *HMS Hood* am 27. Mai 1941 heraus, das für beide mit der Versenkung endete. Bekannte Ereignisse des Krieges zur See sind bis heute auch der U-Boot-Angriff von Kapitänleutnant Günther Prien auf den Stützpunkt der Royal Navy im schottischen Hafen von Scapa Flow am 14. Oktober 1939 sowie die Selbstversenkung des Panzerschiffes *Admiral Graf Spee* in der Mündung des Río de la Plata vor Uruguay am 17. Dezember 1939.

Die strategische Aufgabe der deutschen Kriegsmarine lag darin, die britischen Nachschublinien aus den Vereinigten Staaten und Kanada abzuschneiden. Nach der Besetzung Frankreichs standen ihr dafür ab Mai 1940 dessen Atlantikhäfen zur Verfügung. Zunächst waren die Erfolge gegen die Royal Navy beachtlich, auch weil sich die US Navy auf den pazifischen Kriegsschauplatz konzentrierte und den Schutz der eigenen Handelsschiffe vor der Ostküste vernachlässigte. Am 11. März 1941 hatte Roosevelt das Leih- und Pachtgesetz unterzeichnet. Großbritannien wurde unabhängig von seiner Zahlungsfähigkeit mit Kriegsmaterial versorgt. Man kann spekulieren: Hätte Hitler in dieser heißen Phase den Fokus auf den Atlantik gelegt statt auf die Ostfront, wäre ein Sieg in der «Atlantikschlacht» denkbar gewesen. Faktisch sanken nicht nur immer mehr Boote, sondern auch die Erfolgsaussichten. Die Luftaufklärung der Alliierten erschwerte den Kampf über Wasser, zumal Geleitzüge die Handelsschiffe schützten. Nachdem sich die letzten schweren deutschen Überwasserstreitkräfte aus den französischen Atlantikhäfen zurückgezogen hatten (Unternehmen Cerberus), wurde «Atlantikschlacht» gleichbedeutend mit U-Boot-Krieg. Ende 1943 gab es keinen Zweifel mehr: Die Kriegsmarine unter dem Oberbefehl von Karl Dönitz würde bei diesem Tonnagekrieg den Kürzeren ziehen. Um die Tonnage ging es ja. Die Torpedos der Deutschen sollten so viel Schiffsraum und Ladung wie möglich auf den Grund des Atlantik befördern, um Waffen und Lebensmittel für die Zivilbevölkerung zu vernichten. Bruttoregistertonnen (BRT) waren hier das Maß des Erfolges, nicht die Zahl derer, die den «nassen Tod» starben. Aber beim Neubau kamen die Deutschen nicht mehr nach. Der Materialüberlegenheit der Alliierten hatten sie am Ende wenig entgegenzusetzen. Was die Deutschen lange nicht wussten: Ihr Gegner hatte ihren geheimen Funkschlüssel geknackt und konnte so manche Geleitzüge rechtzeitig aus der Gefahrenzone leiten. Der Mythos der «Atlantikschlacht» und seiner heroischen «Asse» ist längst verblasst. Zu einer Legende ist stattdessen der Film «Das Boot» geworden. Seiner Entstehungsgeschichte und seinem Mythos widmete das Haus der Geschichte in Bonn 2007/08 eine Ausstellung.

23. Was war größer: Großdeutschland oder das Großdeutsche Reich? Hitlers Annexions- und Eroberungspolitik dehnte das deutsche Staatsgebiet bis 1942/43 immer weiter aus. Bereits seit März 1938 wurde die Bezeichnung «Großdeutschland» gebräuchlich. Den Begriff hatten nicht die Nationalsozialisten erfunden, er ging vielmehr auf die nationale Einheitsbewegung des 19. Jahrhunderts zurück, die damit den Zusammenschluss aller deutschsprachigen Gebiete in einem Nationalstaat meinte. Als «kleindeutsche Lösung» galt denn auch das 1871 gegründete Kaiserreich, weil Österreich nicht mit von der Partie war. Nach dem Ersten Weltkrieg und dem Zerfall der k.u.k. Monarchie Österreich-Ungarn verboten die Alliierten eine «großdeutsche» Staatsgründung inklusive des deutschsprachigen

Österreichs. Zwanzig Jahre später, am 12. und 13. März 1938, annektierte Hitler Österreich und nannte es nun «Ostmark»; seit diesem so genannten Anschluss sprachen die Nationalsozialisten offiziell vom «Großdeutschen Reich», oder umgangssprachlich von «Großdeutschland». Sie schienen erreicht zu haben, was die Nationalbewegung seit 1848 vergeblich angestrebt hatte: den Zusammenschluss der übrigen deutschen Staaten mit Österreich, wie es zuletzt der Alldeutsche Verband propagiert hatte.

Doch Hitler ging es ja weder um den Nationalstaat noch um die Revision des Versailler Vertrags. Er annektierte im Oktober 1938 das Sudetenland, im März 1939 das Memelgebiet, im Oktober 1939 die «Reichsgaue» Danzig-Westpreußen mit dem Danziger Korridor und dem Wartheland (von Posen bis Łódź), im Mai 1940 Eupen-Malmedy, im Juli 1940 Elsass-Lothringen und im August 1942 Luxemburg. Amtlich wurde die Bezeichnung Großdeutsches Reich im Juni 1943; seitdem taucht sie zum Beispiel auf Briefmarken auf. «Reichsstatthalter» standen an der Spitze der (alten) Länder und (neuen) Reichsgaue, Marionetten Berlins. Zur Zeit seiner größten Ausdehnung, 1942, grenzte das Reich im Norden an Dänemark, im Osten an die UdSSR, im Südosten an Ungarn, Kroatien und die Erste Slowakische Republik, im Süden an Italien, Liechtenstein und die Schweiz, im Südwesten an Frankreich, im Westen an Belgien und im Nordwesten an die Niederlande. Die Anrainerstaaten hatte die Wehrmacht fast alle besetzt.

Annexion bedeutet, dass ein Territorium in einem einseitigen, zumeist mit militärischer Gewalt oder ihrer Androhung verbundenen Akt einem anderen einverleibt wird. Im Falle einer Okkupation dagegen liegt die Hoheitsgewalt de facto, nicht aber de jure in den Händen des Aggressors. Häufig bereitet die Besatzung die Eingliederung vor. Die nationalsozialistische Eroberungs- und Vernichtungspolitik führte dazu, dass souveräne Territorien oder Teile davon von der Wehrmacht besetzt und zum Teil unter Zivilverwaltung gestellt wurden. Wäre es nach den Großmachtphantasien nationalsozialistischer Volkstumspolitiker gegangen, wären nach dem «Endsieg» unter anderem Teile der Ukraine, Weißrusslands und Russland dem Großdeutschen Reich eingegliedert worden. Um ein großgermanisches Reich zu schaffen, hätten die «Volksdeutschen» bis nach Mittelasien siedeln sollen – während die einheimische Bevölkerung versklavt, verschleppt oder vernichtet worden wäre. Das sah das Grand Design der rassistischen Umsiedlungspolitik, der «Generalplan Ost», vor. Die

«Reichskommissariate» Ostland und Ukraine wurden zwar noch gegründet, mehr wurde aber nicht realisiert.

Nach dem Krieg wählten die westlichen Alliierten 1937 zum Stichjahr in Sachen Grenze. «Deutschland in den Grenzen von 1937» bezog sich auf das «Altreich» – nicht zu verwechseln mit dem «Alten Reich»: dem Heiligen Römischen Reich Deutscher Nation –, wie schon die Zeitgenossen das Staatsgebiet vor den Annexionen nannten. Damit wurde das Saarland als Teil Deutschlands anerkannt, das bereits am 1. März 1935 eingegliedert worden war.

24. War die Schlacht bei Stalingrad wirklich der Wendepunkt des Weltkriegs? «Das Opfer war nicht umsonst», dröhnte es am 3. Februar 1943 aus den Rundfunklautsprechern: Die Niederlage der 6. Armee unter der Führung des Generalfeldmarschalls Paulus habe sich als ein Bollwerk gegen die bolschewistische Bedrohung erwiesen, wochenlang die Kräfte des Feindes gebunden und so der militärischen Führung Gegenmaßnahmen ermöglicht, von denen das Schicksal der gesamten Ostfront abhinge. Schon zuvor hatte Goebbels das massenhafte Sterben bei Stalingrad (heute Wolgograd) in ein Musterbeispiel nationalsozialistischen Soldatentums und einen heldenhaften Widerstandsakt gegen den sowjetischen Angreifer umgedeutet. Nur Wut und Ekel hatten die ausgezehrten und halb erfrorenen Soldaten in ihren Erdbunkern und Häuserruinen dafür übrig. Sie hatten an ihren Wehrmachtfunkgeräten mitbekommen, wie man in der Reichshauptstadt voreilig Siegesmeldungen hinausposaunte, das unmenschliche Leiden der zum sinnlosen Durchhalten gezwungenen Armee noch verherrlichte und vom eigenen Versagen wie von der völkerrechtswidrigen Kriegführung ablenkte.

Die Heeresgruppe B, zu der die 6. Armee gehörte, hatte die Aufgabe, den Vorstoß der Heeresgruppe A weiter südlich zu den strategisch bedeutsamen Ölfeldern des Kaukasus abzudecken, indem sie entlang des Dons eine Verteidigungslinie aufbaute. Die 6. Armee hatte dazu die Industriemetropole Stalingrad anzugreifen, in der rund 900 000 Menschen lebten, darunter zahlreiche Flüchtlinge. Am 23. und 24. August 1942 zerstörten deutsche Luftangriffe den Großteil der Stadt. Die in Flammen stehenden Brenn- und Rohstofflager tauchten die Steppenlandschaft nächtelang in ein unheimliches Licht. Drei Monate später waren etwa 22 Divisionen und 160 selbstständige Truppenteile der Wehrmacht eingekesselt. Zu einem Ausbruchsversuch gegen Hitlers Willen konnte sich Paulus nicht durchringen. Der Entsatzangriff durch die 4. Panzerarmee des Generals Hoth, der den Kessel aufbrechen sollte, blieb erfolglos. Knapp eine Viertelmillion Mann, darunter russische und rumänische «Hilfswillige», stand 1942/43 vor der Alternative: Kapitulation oder Vernichtung. Die Waffen zu strecken kam für Hitler nicht in Frage. So gab es auch keine formale Kapitulation; die Kämpfe wurden am 31. Januar 1943 im Südkessel, am 2. Februar im Nordkessel eingestellt. Von den 195 000 eingeschlossenen deutschen Soldaten starben etwa 60 000. Weitere 17 000 kamen vermutlich auf dem langen Weg in die Kriegsgefangenenlager ums Leben. Die Zahl derer, die in den Folgemonaten an Erschöpfung und Krankheiten starben, geht in die Zehntausende. Zu den Überlebenden zählen die rund 25 000, die gerade noch rechtzeitig ausgeflogen worden waren – und jene 5000, die nach Jahren der Gefangenschaft in eine Heimat zurückkehrten, die sie kaum wiedererkannte(n).

Doch welche Bedeutung hatte die Schlacht für den weiteren Kriegsverlauf? Leitete der Untergang der 6. Armee tatsächlich die Wende ein, wie man bis heute liest? Eine solche Annahme setzt umgekehrt voraus, dass die Wehrmacht bis Anfang 1943 ihres Sieges sicher sein konnte. Militärhistoriker bezweifeln dies. Das «Dritte Reich» wäre nie in der Lage gewesen, den Krieg insgesamt zu gewinnen. Dagegen standen die Ausweitung zum Weltkrieg, die personelle und materielle Überlegenheit der Alliierten und deren Ziel einer bedingungslosen Kapitulation sowie nicht zuletzt die Maßlosigkeit des «Führers». Zwar ist die Rote Armee zweimal nur um Haaresbreite der Niederlage entgangen – im Herbst 1941 vor Moskau und im Sommer 1942 im Südabschnitt der Ostfront –, doch im Frühjahr 1943 hatte die Wehrmacht ihre strategische Handlungsfähigkeit verloren. Den eigentlichen Wendepunkt, von dem an ein deutscher Sieg ausgeschlossen war, sehen Militärhistoriker heute nicht 1942 bei Stalingrad, nicht 1943 bei Kursk, sondern 1941 bei Moskau, als die Blitzkrieg-Strategie Ende des Jahres vor der sowjetischen Hauptstadt scheiterte.

So markiert Stalingrad vor allem einen psychologischen Wendepunkt. Das Desaster schwächte das Vertrauen in das Regime weiter. Viele Deutsche sahen den Anfang vom Ende gekommen. Auch Hitler und den Generalen blieb die Pleite keineswegs verborgen. Dass das NS-Regime gleichwohl nach der Parole «Jetzt erst recht!» verfuhr, die

Kriegsanstrengungen radikalisierte und vom bevorstehenden «Endsieg» schwadronierte, steht auf einem anderen Blatt.

25. Gab es ein deutsches Rüstungswunder? Jede Kriegswirtschaft hat ein Ziel: Soviel Arbeitskraft und Kapital für die Kriegsanstrengung zu mobilisieren wie möglich, um den Gegner zu besiegen. Darauf müssen Produktion, Konsum und Geldsystem hingelenkt werden. Diktaturen wie das NS-Regime können die Möglichkeiten ihrer repressiven Herrschaft nutzen und sich auch ökonomisch auf die Kriegführung vorbereiten. In Deutschland trieb Hermann Göring mit einem Vierjahresplan die Mobilisierung voran; dazu gehörte es auch, genügend Konsumgüter zu produzieren, damit das Lebensniveau und die Moral der Deutschen nicht beeinträchtigt würden. Allerdings rechneten die Deutschen wie die Japaner mit einem kurzen Krieg. Der Erfolg der «Blitzkriege» und die Ausbeutung der eroberten Länder sollten die heimische Wirtschaft stützen. Als der militärische Erfolg im Winter 1941/42 vor Moskau ausblieb, erhöhte Hitler den Druck auf die Wirtschaft. Dem Reichsminister für Bewaffnung und Munition Albert Speer, seit Februar 1942 der Nachfolger des verunglückten Fritz Todt, gelang es trotz des Kompetenzgerangels mit dem Oberbefehlshaber der deutschen Luftwaffe Hermann Göring und Hitlers «Generalbevollmächtigtem für den Arbeitseinsatz» Fritz Sauckel, neue Ressourcen zu mobilisieren. Die Rüstungswirtschaft erhielt absoluten Vorrang vor anderen Industriezweigen. Die Produktion von Rüstungsgütern verdreifachte sich seit Beginn von Speers Amtszeit bis 1944, trotz der strategischen Bombardierungen der Alliierten.

Doch hatte Speer wirklich ein «Rüstungswunder» bewirkt, wie manche noch immer glauben? Heute weiß man, dass hier mit Statistiken getrickst wurde. Auch stieg die Produktivität zum Teil aufgrund früherer Maßnahmen, zum Teil aber auch in Bereichen wie der Luftwaffenproduktion, auf die Speer keinen oder erst spät Einfluss hatte. Der Steigerung ging zudem eine Phase der Stagnation voraus, die nicht auf mangelnde Effizienz, sondern auf die gezielte Minderung der Munitionsproduktion 1940/41 zurückzuführen ist – beim Frankreichfeldzug hatte man deutlich weniger Munition verbraucht als erwartet. Das Speer zugeschriebene «Rüstungswunder» erklärt sich insbesondere mit dem Lerneffekt. Erst 1942 war der Aufbau der Rüstungsindustrie mit den üblichen Anlaufschwierigkeiten weitgehend abgeschlossen, so dass nun das vorhandene Potenzial voll ausgeschöpft werden konnte. Dazu wäre es auch ohne Speer gekommen, könnte man zugespitzt und kontrafaktisch argumentieren.

Nicht ganz so lange wie der Mythos vom Speerschen Rüstungswunder währte die Währung. Die Aufrüstung war durch verzinsliche Wechsel auf eine Scheinfirma finanziert worden, die ab 1938 fällig wurden. Um sie bezahlen zu können, warf der Staat die Notenpresse an und stellte so die Weichen Richtung Inflation. Das NS-Regime hoffte, nach dem Sieg die Schulden auf Kosten der eroberten Länder zahlen zu können. Durch einen inflationären Trick, nicht durch Steuereinnahmen wurde das «Rüstungswunder» finanziert. Am Ende war der Staat nicht nur politisch, sondern auch wirtschaftlich bankrott. Auf mindestens 380 Mrd. Reichsmark beliefen sich die verbrieften Schulden; das Geld war nichts mehr wert. In den Westzonen sorgte die Währungsreform 1948 für die erforderliche Abwertung, während in der sowjetischen Zone das kapitalistische Wirtschaftssystem gleich ganz abgeschafft wurde.

26. Wie verbunden fühlten sich die Verbündeten? Im Rückblick scheint alles klar: Die von Hitler angegriffenen Staaten taten sich zu einer Anti-Hitler-Koalition zusammen, um dem «Dritten Reich» gemeinsam den Garaus zu machen und den Spuk des Nationalsozialismus ein für alle Mal zu beenden. Logisch auch, dass Deutschland deshalb bedingungslos kapitulieren musste. In Wirklichkeit taten sich die Alliierten schwerer, gemeinsame strategische Pläne zu entwickeln, ihre Kriegsziele zu formulieren und zu koordinieren, dabei ihre unterschiedlichen Interessen zu wahren und trotz innenpolitischer Veränderungen im eigenen Land Kurs zu halten. Um ihre Militärstrategie abzusprechen und die politische Neuordnung der Nachkriegszeit vorzubereiten, haben sich die Alliierten zwischen 1941 und 1945 viele Male getroffen – nicht nur auf Jalta, in Teheran und Potsdam, an den Orten, die einem dabei zuerst einfallen. Auf dem Kreuzer *USS Augusta* vor Neufundland einigten sich der US-Präsident Franklin D. Roosevelt und der britische Premierminister Winston Churchill auf die in der Atlantikcharta am 14. August 1941 veröffentlichten Ziele: die Zerstörung der nationalsozialistischen Tyrannei und die Durchsetzung von Freiheit, Demokratie und Selbstbestimmung. Zuvor hatte der US-Kongress Roosevelt ermächtigt, kostenlos Güter an Staaten zu liefern, deren Verteidigung den USA von existentieller Bedeutung erschien. Auf der Grundlage dieses Leih- und Pachtgesetzes (Lend-and-Lease-Act) flossen bis 1945 30 Mrd. Dollar nach Großbritannien und 11 Mrd. in die Sowjetunion. In der marokkanischen Hafenstadt Casablanca (13.–24.01.1943) erklärte der US-Präsident eher beiläufig die bedingungslose Kapitulation (unconditional surrender) Deutschlands zum Kriegsziel der Achsenmächte; hier fiel auch die Entscheidung für den strategischen Bombenkrieg gegen deutsche Städte. Vier Monate später beschlossen Roosevelt und Churchill in Washington, D. C., die Landung westalliierter Streitkräfte in der Normandie und in Italien sowie die Intensivierung der Bombardierung. In Moskau (18.10.– 01.11.1943) erklärten die Außenminister Cordell Hull, Anthony Eden und Wjatscheslaw M. Molotow ihre Kooperation und beschlossen, die Kriegsverbrecher nach Kriegsende zu bestrafen. In Teheran, auf der ersten Konferenz der «Großen Drei» vom 28.11. bis 2.12.1943, besprachen Roosevelt, Churchill und der sowjetische Staatschef Stalin ihr weiteres Vorgehen auf dem europäischen Kriegsschauplatz.

Welche List der Geschichte: Auf der Krim, wo die Nationalsozialisten eigentlich einen germanischen Mustergau einrichten wollten, wurde schließlich die Zukunft Deutschlands besiegelt. Zwischen dem 4. und 11. Februar 1945 wurde hier die Teilung Deutschlands in vier Besatzungszonen beschlossen, darunter eine für Frankreich. Um ihre Besatzungspolitik besser aufeinander abstimmen zu können, sahen die Regierungschefs einen Alliierten Kontrollrat vor. Deutschland sollte entnazifiziert und entmilitarisiert werden. Beschlossen wurden zudem Reparationszahlungen, die Verurteilung von Kriegsverbrechern, die Westverschiebung Polens und die Anerkennung der provisorischen kommunistischen Regierung sowie der Eintritt der UdSSR in den Krieg gegen Japan nach dem Sieg über Deutschland. Im Gegenzug und insgeheim sicherten Roosevelt und Churchill dem sowjetischen Diktator territoriale Gewinne zu – und stellten so die Weichen für die Politik der «Bolschewisierung» Ost- und Südosteuropas.

27. War die zweite Front nach der ersten nicht die dritte? Zunächst: Die erste, längst bestehende Front des Zweiten Weltkriegs war die Ostfront. Hier, in Ost- und Südosteuropa, kämpfte die Rote Armee seit 1941 gegen die Wehrmacht. Seit dem Angriff auf die Sowjetunion hatte Stalin die Westmächte bedrängt, ihrerseits in Westeuropa anzugreifen. Diese «zweite» Front sollte den Druck auf die sowjetische Armee mindern, da Hitler dann seine Kräfte nicht mehr auf eine Linie konzentrieren könnte. Dass Großbritannien längst gegen das «Dritte Reich» gekämpft hatte – in Nordafrika, kurzzeitig in Frankreich – und die USA die Briten materiell unterstützt hatten, steht auf einem anderen Blatt. Denn das fiel in die Zeit, als Stalin noch mit Hitler verbündet war. Roosevelt und Churchill stimmten der Idee einer zweiten Front im Prinzip zu, allerdings war man sich nicht einig, wo der Stoß erfolgen sollte. Stalin favorisierte den Angriff auf kürzestem Wege von Großbritannien aus über den Ärmelkanal; Churchill hielt mehr von einem indirekten Vorstoß an der Peripherie im Süden Europas, der «weicheren» italienischen Flanke. Der Schock über das Fiasko des Kommandounternehmens bei Dieppe 1942 saß tief. Stalin hatte jedoch den Verdacht, dass seine neuen Geschäftspartner durch ein Vorrücken von Südeuropa aus der Roten Armee bei ihrem Marsch nach Westen in die Quere kommen wollten. Das Klima zwischen den Regierungschefs besserte sich erst, als Roosevelt auf der Konferenz in Teheran eine zweite Front definitiv zusagte, und zwar in Nordfrankreich. Der Streit schwelte trotzdem weiter, weil sich der Stoß im Norden wiederholt verschob. Stalin argwöhnte, dahinter stecke die Absicht so lange zu warten, bis die UdSSR und Deutschland einander im Kampf aufgerieben hätten. Als die zweite Front endlich stand, war sie eigentlich die dritte. Noch bevor die westlichen Alliierten am 6. Juni 1944 in der Normandie landeten, kämpften sich ihre Truppen längst, seit Juli 1943, von Sizilien und Salerno aus nach Norden vor.

28. Welche Tarnnamen sollten militärische Operationen geheim halten? Überraschung steigert die Effizienz militärischer Operationen. Damit der Gegner ahnungslos blieb und auch alle untergeordneten Dienstgrade in den eigenen Reihen, die nichts wissen sollten, nichts erfuhren, erfand die Wehrmacht Decknamen für geplante Aktionen. Das hatte man schon im Ersten Weltkrieg so gemacht. Die meisten Namen kennen heute nur noch Fachleute, andere sind noch immer geläufig. Wer hat nicht vom Unternehmen «Barbarossa» gehört? Doch wer weiß schon, dass es erst «Fritz» hieß? Nicht nur große Operationen wie der Angriff auf die UdSSR, auch kleinere Aktionen wie die Errichtung einer Wetterstation auf Spitzbergen («Knospe») liefen unter Tarnnamen. Zum Teil mussten die Eingeweihten unter Androhung der Todesstrafe Stillschweigen geloben.

Manche Namen zeugen von besonderem Zynismus. So stand «Mondscheinsonate» für den Luftangriff auf Coventry am 14. November 1940, und wer «Rumpelkammer» sagte, meinte die so genannten Vergeltungsschläge mit V1-Flugkörpern auf London. «Aida» – in der gleichnamigen Oper der Name jener nubischen Prinzessin, die als Geisel nach Ägypten verschleppt wurde – bezeichnete den Vorstoß der Wehrmacht auf Ägypten 1942. «Herbstzeitlose» hieß im selben Jahr der Plan für die Eroberung des Nordteils von Stalingrad. Auch für kriegswichtige Bauvorhaben ersannen die Nationalsozialisten Tarnnamen. «Dora-Mittelbau», die unterirdische Produktionsstätte der V 2 bei Nordhausen, ist als Außenlager des KZ Buchenwald bis heute bekannt. Von A wie «Achse» bis Z wie «Zitadelle» reicht das ABC der Tarnnamen. Hier die Entschlüsselung für die deutschen Pläne größerer und entscheidender Operationen oder spektakulärer Einzelaktionen:

Deckname	geplante Aktion
Achse	Entwaffnung der italienischen Streitkräfte
Barbarossa	Angriff auf die Sowjetunion
Blau	Deutsche Sommeroffensive an der Ostfront 1942
Bodenplatte	Angriff der Luftwaffe auf alliierte Flugfelder hinter der Westfront im Zusammenhang mit der Ardennenoffensive 1944/45
Braun	Westfeldzug, Teiloffensive
Cerberus	Durchbruch der Schlachtschiffe Gneisenau und Scharnhorst und des Schweren Kreuzers Prinz Eugen am 12. Februar 1942 von Brest durch den Ärmelkanal in die Nordsee
Donnerschlag	Ausbruch der 6. Armee aus dem Kessel bei Stalingrad; von Hitler untersagt
Edelweiß	Zweiter Teil der Operation «Blau»
Eiche	Befreiung des zuvor gestürzten italienischen Staatschefs Mussolini 1943
Gelb	Westfeldzug, Teil I: gegen Belgien, Niederlande, Luxemburg und Nordfrankreich
Kugelblitz	Kampf gegen jugoslawische Partisanen Ende 1943
Marita	Balkanfeldzug
Merkur	Luftlandung auf Kreta 1941

Paukenschlag	Operation deutscher U-Boote vor der Ostküste der USA ab 11. Januar 1942
Rot	Westfeldzug, Teil II: gegen Frankreich nach Durchbruch an der Somme ab 5. Juni 1940
Seelöwe	Landung in England (1940)
Sonnenblume	Verlegung deutscher Truppen nach Nordafrika im Januar und Februar 1942
Taifun	Offensive der Heeresgruppe Mitte gegen Moskau seit 2. Oktober1941
Wacht am Rhein	Beginn der Ardennenoffensive am 16. Dezember 1944
Weiß	Angriff auf Polen, 1. September1939
Weserübung	Besetzung Norwegens
Zitadelle	Angriff im Bogen von Kursk

Eine besondere Wendung nahm der Tarnname «Walküre». Bezeichnete er eigentlich den Plan für Gegenmaßnahmen bei Unruhen im Inneren des Reiches, vor allem die Bildung von Kampftruppen aus dem Ersatzheer, verbindet man ihn heute mit dem militärischen Widerstand gegen Hitler: Mit Hilfe von «Walküre» hatten die Verschwörer am 20. Juli 1944 versucht, Berlin und damit das Reich militärisch unter ihre Kontrolle zu bekommen. Auch der Landser-Jargon kannte Begriffe, die nur verstand, wer dazugehörte. Als «Ratschbumm» bezeichneten deutsche Soldaten etwa die sowjetische Kanone 7,62 cm. Warum? Das Geräusch des Abschusses fiel mit dem des Geschosseinschlages fast zusammen. «Stalin-Orgel» ist eine andere, noch immer bekannte Bezeichnung für den sowjetischen Raketenwerfer Katjuscha, der beim Abschuss der Salven einen charakteristischen Jaulton erzeugte, der den Landsern auf die Nerven ging.

29. Haben die Franzosen Paris befreit? «Paris befreit! Befreit durch sein Volk!», rief Charles de Gaulle am 26. August 1944 vom Balkon des Rathauses der französischen Hauptstadt seinen begeisterten Landsleuten zu. Diese Botschaft von der Befreiung wird oft wiederholt, aber stimmt sie auch? Um das zu beurteilen, muss man sich die etwas komplizierte Entwicklung der Résistance, des Widerstandes in Frankreich, klarmachen. Jenen Staaten, die der Aggressionspolitik des Deutschen Reiches keine militärische Macht (mehr) entgegenzusetzen hatten, blieben nur wenige Möglichkeiten, ihre politische

Existenz nicht ganz zu verlieren und auf die Wiederherstellung ihrer politischen Souveränität zu hoffen. Frankreich hatte zwei Wege eingeschlagen, die in die entgegengesetzte Richtung führten: die Kollaboration mit dem Gegner unter Marschall Pétain und den Widerstand mit Hilfe der Alliierten unter General de Gaulle. Kurz nach dessen Appell über die BBC an die Franzosen am 18. Juni 1940, die Flamme des Widerstandes nicht erlöschen zu lassen und sich ihm anzuschließen, hatte Churchill den General als Chef der Forces françaises libres (FFL) anerkannt, die außerhalb Frankreichs die Alliierten vor allem in Nordafrika unterstützten, zu Lande, zu Wasser und in der Luft. Die FFL kämpften sogar an der Ostfront. Im Juni 1943, nach der Gründung des Französischen Komitees zur Nationalen Befreiung (Comité français de la libération nationale), unterstellte der General Henri Giraud das Militär des Kollaborationsregimes von Vichy politisch de Gaulle. Seitdem kämpften mehr als 400 000 französische Soldaten Seite an Seite mit den Alliierten erfolgreich an der Westfront.

Unabhängig von diesem «äußeren» Widerstand entwickelte sich der Widerstand im Inneren Frankreichs. Verschiedene Bewegungen entstanden in der südlichen Zone, darunter das Mouvement de Libération nationale (MLN), und der nördlichen Zone des Landes, darunter ab Juni 1941 der kommunistische Widerstand, die Front national. De Gaulle wollte die Widerstandsgruppen zusammenbringen, um sie im Moment der Landung alliierter Kräfte zu koordinieren. Als Delegierten schickte er im Frühjahr 1942 Jean Moulin nach Frankreich, dem es tatsächlich gelang, alle Widerstandsgruppen außer der kommunistischen zu vereinen, militärisch in der Armée secrète (AS). Im Februar 1944 schloss sich die gaullistische AS mit der Widerstandsorganisation jener Armee zusammen, die sich nach der Auflösung der Vichy-Armee am 27. November 1942 unter Giraud gebildet hatte. Auch der militärische Arm der Kommunisten, die Freischärler und Partisanen (Francs-tireurs et partisans), war nun dabei. Gemeinsam bildeten diese militärischen Gruppierungen der Résistance die Französischen Streitkräfte des Inneren, die General Marie-Pierre Koenig von London aus kommandierte.

Ihre Stunde schlug am 1. Juni 1944. Jetzt, kurz vor der Landung der Alliierten in der Normandie, kamen diese Forces françaises de l'Intérieur (FFI) zum Einsatz, um durch Sabotage Kommunikation und Nachschub der Deutschen zu behindern und den Vormarsch der westlichen Alliierten zu erleichtern. Rasch stießen die Alliierten Richtung Paris vor. Als es dort am 18. August 1944 zum Aufstand kam – es gab einen Generalstreik: die Metro fuhr nicht, die Postboten blieben zu Hause –, befahl Eisenhower die Eroberung der Stadt. Am 24. August rückte die 2. Französische Panzerdivision in die Hauptstadt ein. Abends stieß eine Panzerkolonne bis zum Rathaus vor. Etwa 1000 Widerstandskämpfer fielen, 1500 wurden verwundet. Am folgenden Tag übergab der deutsche General Dietrich von Choltitz die Stadt – entgegen Hitlers Befehl. Rund 10 000 deutsche Soldaten gerieten in Kriegsgefangenschaft. Als weithin sichtbares Zeichen der Befreiung von Paris flatterte die Trikolore auf dem Eiffelturm.

Am 26. August 1944 zog dann de Gaulle in Paris ein und wandte sich vom Balkon des Rathauses an die Menschen. Sein Ausruf «Paris libéré! libéré par lui-même, libéré par son peuple ...» stand am Anfang des französischen Mythos von der Résistance. Die Vorstellung, dass ein in der Résistance geeintes Frankreich sich weitgehend selbst von der nationalsozialistischen Besatzungsherrschaft und dem französischen Kollaborationsregime befreit habe, war zwar beruhigend. Sie verdrängte jedoch bis in die späten 1960er Jahre die Kollaboration mit dem NS-Regime. Seitdem erforschen Historiker dieses Kapitel der französischen Geschichte, nicht zuletzt die Mitverantwortung der Franzosen für die Deportation der Juden. Den Anstoß hat übrigens der amerikanische Historiker Robert O. Paxton gegeben.

30. Hat es den Krieg verkürzt, dass Geheimdienste die ENIGMA-Codes geknackt haben? Krieg ist stets ein Krieg der Geheimdienste. Alle militärischen Nachrichtendienste wollten dem Gegner heimlich auf die Schliche kommen. Der britische Intelligence Service baute seit Sommer 1940 ein Netz von Widerständlern im besetzten Europa auf, das ihn mit Informationen über die Wehrmacht versorgte. So gehörten die ersten Angehörigen der Résistance in Frankreich dem britischen Geheimdienst an. Zu den bekanntesten Spionen der sowjetischen Seite gehörte der Deutsche Richard Sorge in Tokio, der Stalin wissen ließ, dass er im Falle einer Gegenoffensive gegen Hitler nicht mit einem japanischen Angriff zu rechnen hätte. Zu den geheimdienstlichen Aktivitäten, die den Kriegsverlauf wesentlich beeinflussten, gehörte das Entschlüsseln codierter militärischer Befehle und Nachrichten. Mit der wachsenden Bedeutung des Funkverkehrs seit dem Ersten Weltkrieg war die Entwicklung von Chiffrier- und Codesystemen immer wichtiger geworden. Das Knacken deutscher und japanischer Geheimcodes verschaffte der Gegenseite entscheidende Vorteile, weil sie im Vorhinein Kenntnis von Aktionen der Wehrmacht besaß, was diese wiederum nicht ahnte. So ging der Überraschungseffekt verloren, der üblicherweise zum militärischen Erfolg beiträgt.

Ein Rätsel blieb der Chiffrierautomat ENIGMA, den die Wehrmacht 1937 in Betrieb genommen hatte, den Alliierten nicht. Er funktionierte so: Fünf Walzen, die elektromechanisch miteinander verbunden waren, verschlüsselten die Information nach einem speziellen Code, der in kurzen Abständen wechselte. Der Empfänger der so codierten Nachricht verfügte über ein synchron funktionierendes Gerät, das die Botschaft mit Hilfe des Codes in den Originaltext zurückübersetzte. Nach Vorarbeiten polnischer Mathematiker schafften es im Frühjahr 1940 die britischen Geheimdienstler in Bletchley Park (im Jargon: B. P. oder «Station X»), das Rätsel der ENIGMA endgültig zu lösen.

Dass das Geheimnis gelüftet worden war, blieb lange *top secret*. Erst in den frühen 1970er Jahren wurde der Erfolg der Alliierten bekannt. Rasch machte die Vermutung die Runde, dass der Krieg ohne die Dechiffrierung zwei Jahre länger gedauert hätte. Während des Luftkriegs um England profitierten die Briten nicht nur von ihrem Vorsprung in der Radartechnik, sie hatten auch frühzeitig Kenntnis von den Standorten und Einsatzstärken der deutschen Luftwaffenverbände, so dass sie ihre eigenen Jagdflieger rechtzeitig einsetzen konnten, was wiederum die deutsche Landung auf der Insel verhinderte. Durch das Entschlüsseln von ENIGMA-Nachrichten der Reichsbahn, in denen es um Aufmarschpläne und das Bereitstellen von Zügen für Gefangenentransporte ging, konnten die Alliierten Stalin gar vor dem deutschen Angriff warnen – doch der mochte den Briten oder seinen eigenen Agenten nicht so recht trauen. Den größten Einfluss hatten die alliierten Kryptanalytiker (so unverständlich heißen die Profi-Entschlüssler in eingeweihten Kreisen) auf den Kriegsverlauf im Atlantik. In B. P. war man ab Mai 1941 im Stande, den deutschen Funkverkehr, den auch die U-Boote benutzten, zeitgleich mitzulesen – nur Skypen wäre effektiver gewesen. Die Konvois der Alliierten konnten um die deutschen U-Boot-Rudel herummanövriert werden. Etwa 300 Schiffe entgingen so in der zweiten Jahreshälfte 1941 der Versenkung. Zwar fragen Historiker eigentlich danach, was war? und nicht: was wäre gewesen, wenn? Doch hier ist die Spekulation begründet. Ohne die Entzifferung des deutschen Funkverkehrs hätte der Krieg wesentlich länger gedauert, wäre in vielen Fällen anders verlaufen und hätte noch mehr Menschenleben gekostet.

PS: «Fremde Heere Ost» hieß die Wehrmacht-Abteilung für militärische Feindaufklärung vor allem in der Sowjetunion und auf dem Balkan. Ihr Leiter (1942–1945), Generalmajor Reinhard Gehlen, baute nach Kriegsende im Auftrag der Amerikaner einen Geheimdienst mit deutschem Personal auf, zu dem zahlreiche ehemalige Mitarbeiter gehörten. Aus dieser «Organisation Gehlen» ging 1956 der Bundesnachrichtendienst hervor, dessen Chef bis 1968 Reinhard Gehlen war.

Die Wehrmacht

31. Wie lauteten die 10 Gebote für die Kriegführung des deutschen Soldaten? *Diese* zehn Gebote sind in Vergessenheit geraten. Dabei haben sie Millionen Wehrmacht-Soldaten vorgegeben, wie sie sich im Krieg dem Völkerrecht entsprechend zu verhalten hatten, theoretisch. Die Heeresdienstvorschrift (HDv) Nr. 231 von 1942 bildete die Grundlage für das Merkblatt, das jedem Soldaten der Luftwaffe ins Soldbuch geklebt wurde, das er bei sich trug. Dort hieß es:

1. Der deutsche Soldat kämpft ritterlich für den Sieg seines Volkes. Grausamkeiten und nutzlose Zerstörungen sind seiner unwürdig.
2. Der Kämpfer muss uniformiert oder mit einem besonders eingeführten, weithin sichtbaren Abzeichen versehen sein. Kämpfen in Zivilkleidung ohne ein solches Abzeichen ist verboten.
3. Es darf kein Gegner getötet werden, der sich ergibt, auch nicht der Freischärler und der Spion. Diese erhalten ihre gerechte Strafe durch die Gerichte.
4. Kriegsgefangene dürfen nicht misshandelt oder beleidigt werden. Waffen, Pläne und Aufzeichnungen sind abzunehmen, von ihrer Habe darf sonst nichts weggenommen werden.
5. Dumdumgeschosse sind verboten. Geschosse dürfen auch nicht in solche umgestaltet werden. [Die Teilmantelgeschosse verformen sich *im* Zielobjekt und rufen unnötiges Leiden hervor; JE.]

6. Das Rote Kreuz ist unverletzlich. Verwundete Gegner sind menschlich zu behandeln. Sanitätspersonal und Feldgeistliche dürfen in ihrer ärztlichen bzw. seelsorgerischen Tätigkeit nicht gehindert werden.
7. Die Zivilbevölkerung ist unverletzlich. Der Soldat darf nicht plündern oder mutwillig zerstören: Geschichtliche Denkmäler und Gebäude, die dem Gottesdienst, der Kunst, Wissenschaft oder der Wohltätigkeit dienen, sind besonders zu achten. Natural- und Dienstleistungen von der Bevölkerung dürfen nur auf Befehl von Vorgesetzten gegen Entschädigung beansprucht werden.
8. Neutrales Gebiet darf weder durch Betreten oder Überfliegen noch durch Beschießen in die Kriegshandlung einbezogen werden.
9. Gerät ein deutscher Soldat in Gefangenschaft, so muss er auf Befragen seinen Namen und Dienstgrad angeben. Unter keinen Umständen darf er über Zugehörigkeit zu seinem Truppenteil und über militärische, politische und wirtschaftliche Verhältnisse auf der deutschen Seite aussagen. Weder durch Versprechungen noch durch Drohungen darf er sich dazu verleiten lassen.
10. Zuwiderhandlungen gegen die vorstehenden Befehle in Dienstsachen sind strafbar. Verstöße des Feindes gegen die unter 1 bis 8 angeführten Grundsätze sind zu melden. Vergeltungsmaßregeln sind nur auf Befehl der höheren Truppenführung zulässig.

32. Was spricht gegen die Legende von der «sauberen» Wehrmacht? Die Emotionen kochten hoch, als sich die Deutschen Mitte der 1990er Jahre mit den Verbrechen der Wehrmacht beschäftigten. Den Stein ins Rollen brachte eine Wanderausstellung des Hamburger Instituts für Sozialforschung, die so genannte Wehrmachtsausstellung. Sie schockierte die Besucher mit Fotografien, die deutsche Soldaten in Verbindung mit Kriegsverbrechen brachten. (Als Kriegsverbrechen gelten Verletzungen des Kriegsrechts: die Ermordung oder Verschleppung der Zivilbevölkerung oder Kriegsgefangenen beispielsweise oder die militärisch sinnlose Zerstörung und die Geiseltötung.) Besonders die Beteiligung der «einfachen» Landser an NS- und Kriegsverbrechen erhitzte die Gemüter. Hatte etwa die eigene Familie mit dem Völkermord zu tun? Das Wort vom Rassen- und «Vernichtungskrieg» im Osten machte die Runde und gehört seitdem fest zum deutschen Wortschatz. Die Vorstellung, dass die Wehrmacht als Institution an Kriegsverbrechen beteiligt war, passte so gar nicht in das Bild, das sich die meisten Deutschen nach dem Krieg gemacht hatten. Danach hatte die Wehrmacht auch an der Ostfront «ritterlich» gekämpft, während die Verbrechen der SS angelastet wurden. Wer im Krieg die deutschen good guys, wer die bad guys waren, stand außer Frage. Die ehemaligen Soldaten schwiegen, unbefragt. Dass Militärhistoriker seit den späten 1970er Jahren das enge Verhältnis von Wehrmacht und Nationalsozialismus unter die Lupe genommen und ein differenzierteres Ergebnis zu Tage gefördert hatten, war in der Öffentlichkeit zunächst kaum registriert worden. Umso größer war später die Aufregung.

Kein anderer Krieg und Kriegsschauplatz steht wie ein Symbol für eine Radikalisierung der Kriegführung. Ihre Merkmale: die Terrorisierung der Zivilbevölkerung, die systematische Ausbeutung des besetzten Landes, der Partisanenkrieg, die gezielte Misshandlung von Kriegsgefangenen, die Zwangsrekrutierung von Arbeitskräften aus den Reihen des Gegners. Immer weniger wurde zwischen dem militärischen und dem zivilen Gegner, dem Kombattanten und Nichtkombattanten, unterschieden. Wehrlose wurden Opfer der Gewalt: alte Männer, Frauen und Kinder. Neben Aufsehen erregenden Einzelfällen wie den SS-Massakern von Oradour und Lidice waren es vor allem die planmäßigen Verbrechen, die während des Krieges verübt wurden.

Diese Entgrenzung der Gewalt setzte eine militärische und technische Entwicklung voraus, die massenhaftes Töten auf Distanz erst ermöglichte. Doch das war nur eine Bedingung, die nicht als Erklärung taugt. Die «Barbarisierung» des Krieges, vor allem in Ost- und Südosteuropa, geht auf die ideologischen Motive der Täter und das veränderte Selbstverständnis der Kriegführenden zurück. Von vornherein ging es Hitler nicht bloß darum, den Gegner militärisch zu besiegen. Sein Ziel war es, in den von der Wehrmacht eroberten Gebieten eine totalitäre Herrschaft zu errichten und bestimmte Gruppen von Menschen im wörtlichen Sinne zu vernichten: die Juden vor allem, auch die politischen Gegner wie die Bolschewisten oder die polnische Oberschicht. Zum einen griff er dazu auf die SS zurück, deren «Einsatzgruppen» im Raum hinter der Front, unter den Augen der Truppenführer, systematisch Massenmorde begingen. Zum anderen wurde der Krieg gegen die Sowjetunion gleich als Vernichtungskrieg im Zeichen der nationalsozialistischen Rasseideologie geplant.

Das Oberkommando der Wehrmacht (OKW) wusste Bescheid und machte mit. Von den obersten Kommandobehörden wurden «verbrecherische Befehle» erlassen. Dass diese Befehle gegen Kriegsrecht verstießen und Verbrechen zur Folge haben würden, war Hitler und dem OKW durchaus klar. Bereits drei Monate vor Kriegsbeginn hatte Hitler dem OKW erläutert, dass der Kampf gegen die Sowjetunion kein herkömmlicher Feldzug sein würde, der mit der Eroberung des Landes und der Niederlage der Armee beendet würde. Hier ging es vielmehr darum, den «Jüdischen Bolschewismus» für alle Zeiten «auszumerzen». Diesem ideologischen Kriegsziel durfte in Hitlers Augen das internationale Kriegs- und Völkerrecht nicht im Wege stehen.

So gab das OKW wenige Tage vor dem Angriff auf die Sowjetunion, am 6. Juni 1941, den «Kommissarbefehl» heraus. Die Politkommissare der Roten Armee sollten nicht als Kriegsgefangene behandelt, sondern sofort nach ihrer Festnahme erschossen werden, ohne Verhandlung. SS und SD suchten in den Durchgangs- und Kriegsgefangenenlagern, die der Wehrmacht unterstanden, Verdächtige heraus und exekutierten sie. Der Kriegsgerichtsbarkeitserlass hob den Schutz der Zivilisten im Krieg auf. Das Oberkommando des Heeres hatte bereits am 28. April 1941 zugestimmt, dass die Einsatzgruppen der Sicherheitspolizei und des SD, die Heinrich Himmler unterstanden, innerhalb des Operationsgebietes «im Rahmen ihres Auftrages in eigener Verantwortung Exekutivmaßnahmen gegenüber der Zivilbevölkerung» trafen. Ein Befehl des OKW vom 16. Dezember 1942 zur «Bekämpfung von Partisanen und Partisanenverdächtigten» verpflichtete die Truppe, «ohne Einschränkung auch gegen Frauen und Kinder jedes Mittel anzuwenden, wenn es nur zum Erfolg führt». Der so genannte Bandenkampf habe mit der Genfer Konvention nichts mehr zu tun, hieß es. «Rücksichten [...] sind ein Verbrechen gegen das deutsche Volk und den Soldaten an der Front, der die Folgen der Bandenanschläge zu tragen hat und keinerlei Verständnis für irgendwelche Schonung der Banden oder ihrer Mitläufer haben kann [...].» Verbrecherische Befehle wie diese hebelten für die Wehrmacht zentrale Teile des geltenden Kriegsvölkerrechts aus und stellten so die Weichen für den Rassen- und Vernichtungskrieg.

Der Massenmord an der jüdischen Bevölkerung Kiews ist ein Beispiel dafür, wie die Wehrmacht mit den Einsatzgruppen der SS zusammenarbeitete. Unter dem Vorwand der Evakuierung transportierte man die Juden nach Babi Jar, wo Angehörige der Einsatzgruppe C der SS am 29. und 30. September 1941 mehr als 33 700 Menschen erschossen. Die Wehrmacht sicherte derweil den Tatort und sprengte anschließend die Wände der Schlucht, um die Leichen mit Erde zu bedecken. Die SS lobte die gelungene Arbeitsteilung.

Selbst die sowjetischen Kriegsgefangenen, für deren Transport, Unterbringung und Versorgung allein die Wehrmacht zuständig war, konnten nicht auf eine Behandlung hoffen, die den völkerrechtlichen Anforderungen genügte. Mehr als zwei Millionen sowjetische Kriegsgefangene starben allein zwischen Sommer 1941 und Frühjahr 1942 in deutschem Gewahrsam, bevor das NS-Regime nach dem Scheitern des Blitzkriegs im Osten die Ernährung verbesserte und die Kriegsgefangenen ins Reich verschleppte, um den Arbeitskräftemangel auszugleichen.

Der Mythos von der «sauberen Wehrmacht» ist zerstört. Die Debatte des Deutschen Bundestages am 13. März 1997 über den Umgang mit den Verbrechen der Wehrmacht gehört zu den Sternstunden der deutschen Parlamentsgeschichte. Insofern hat die Wanderausstellung, die nach berechtigter Kritik an fachlichen Mängeln mit neuem Konzept an der alten Aussage festhielt, einen maßgeblichen Beitrag zum historischen Bewusstsein der Deutschen geleistet. Die Diskussion hat zudem die Militärhistoriker zu neuen Forschungen angeregt und damit an Sachlichkeit gewonnen. Zwar ist weiterhin unklar, in welchem Ausmaß deutsche Soldaten und Offiziere an NS- und Kriegsverbrechen beteiligt waren. *Dass* sie aktiv beteiligt und nicht nur passiv «verstrickt» waren, daran besteht jedoch schon lange kein Zweifel mehr. Nicht die abstrakte Eigendynamik des Krieges hat zu den Verbrechen geführt, sondern eine Abfolge von Entscheidungen Einzelner im Rahmen individueller Verantwortlichkeit. Doch Fragen bleiben. Was wusste der einzelne Soldat? Lässt sich rückblickend von Einsatzort und -zeit eines bestimmten Soldaten auf dessen Beteiligung an Kriegsverbrechen schließen? Man weiß, dass die meisten Verbrechen nicht an, sondern hinter der Front, in den rückwärtigen Gebieten, verübt wurden – schon aus Zeitgründen. Anders gesagt: Dort, wo weniger Soldaten waren, gab es wahrscheinlich mehr Verbrechen. Welche Rolle im Vernichtungskrieg spielten die Kollaborateure und die Verbündeten, auf die sich die deutsche Besatzungsherrschaft stützte?

33. Waren die Angehörigen der Waffen-SS Soldaten wie andere auch? Wäre die Geschichte der bewaffneten SS 1939 zu Ende gewesen, kein Mensch würde sich heute mehr dafür interessieren. Erst der Krieg löste jene Dynamik aus, die aus einer vermeintlich elitären innenpolitischen Eingreiftruppe ein multinationales Massenheer gemacht hat. Der «Reichsführer SS», Heinrich Himmler, wusste die Chance der Machtausweitung wohl zu nutzen. Am Ende hatte die Waffen-SS höchstens noch den Namen mit der ursprünglichen Organisation gemein. Unter dieser Bezeichnung verstand man seit 1939 die militärisch bewaffneten und organisierten Verbände der SS und Polizei. Von Beginn an unterstanden diese Verbände, darunter die Leibstandarte-SS Adolf Hitler und die Totenkopfverbände, dem «Führer» unmittelbar. Im Kriegsverlauf vergrößerte sich die Waffen-SS immer mehr. In 38 Divisionen dienten 1944 900 000 Mann. Das Personal rekrutierte sich zum einen seit 1943 auch aus Wehrpflichtigen. Schon zuvor hatte die SS der «freiwilligen» Meldung junger Leute mit rüden Methoden nachgeholfen. (Mit dem Argument, nicht freiwillig zur Waffen-SS gegangen zu sein, versuchte mancher nach 1945 seinen Kopf aus der Schlinge zu ziehen.) Zum anderen gehörten der Waffen-SS zahlreiche ausländische und «volksdeutsche» Männer aus den besetzten Gebieten an, die gegen den «jüdischen Bolschewismus» kämpfen wollten. Bei Kriegsende lag der Anteil der Reichsdeutschen an der Waffen-SS nur noch bei etwa 40 Prozent; jeder vierte oder fünfte war wahrscheinlich ein Ungarn- oder Rumäniendeutscher. Himmler faselte gar von einer «pangermanischen Armee».

Ihrem Handeln und ihrem Selbstverständnis nach war die Waffen-SS weit mehr als nur ein militärisches Instrument der Staatsgewalt, nämlich die Speerspitze der nationalsozialistischen Bewegung und Vorkämpfer der rasseideologischen Neuordnung Europas. Ihren Ruf als grausame Truppe hatte die Waffen-SS schnell weg: Zunächst in Polen, dann in Frankreich war sie durch halsbrecherische Einsätze und Kriegsverbrechen aufgefallen. Mit Maschinengewehren mähten Angehörige des 2. Totenkopfregiments am 27. Mai 1940 in dem nordfranzösischen Dorf Le Paradis rund 100 gefangene britische Soldaten nieder, die sich vor einer Scheunenwand hatten aufstellen müssen. Wer den Kugelhagel überlebte, wurde per Genickschuss exekutiert. Ein weiteres Massaker richtete die Waffen-SS am 10. Juni 1944 in der französischen Ortschaft Oradour-sur-Glane nahe Limoges an. Männer der 2. SS-Panzerdivision «Das Reich» (genauer: die 3. Kompanie des 1. Bataillons des Regiments «Der Führer») trieben die Bewohner zusammen, um nach Partisanenangriffen Vergeltung zu üben, wie es offiziell hieß. Nachdem die Angehörigen der Waffen-SS die Männer erschossen hatten, sperrten sie Frauen und Kinder in eine Kirche und zündeten diese an. Der ganze Ort ging in Flammen auf, 642 Männer, Frauen und Kinder verloren ihr Leben. Die Täter wurden während des Krieges nicht zur Rechenschaft gezogen. Zu einem Prozess kam es erst fast zehn Jahre später, als sich 21 Personen vor einem Militärtribunal in Bordeaux verantworten mussten. Der Ort Oradour wurde neu aufgebaut – an anderer Stelle. Die Ruinen bilden bis heute eine Geisterstadt, die an das Kriegsverbrechen erinnert.

Vom Zerrbild der heroischen Truppe bleibt auch dann nichts übrig, wenn man sich die Statistik anschaut: Die Verlustquote der SS-Verbände im Osten lag mit 37 Prozent weit unter der des Heeres, das im Osten 60 Prozent seiner sämtlichen Verluste erlitt. Die weitaus meisten Waffen-SS-Angehörigen (70 Prozent) kamen außerdem erst in den letzten 16 Kriegsmonaten ums Leben. Das passt nicht so recht zum selbstgewählten Image der Waffen-SS. Ebenso widerspricht die Multinationalität und die allmähliche Aufgabe des Freiwilligenprinzips der Idee einer homogenen Elitetruppe, die sich als «weltanschauliche Ordensgemeinschaft» darstellte.

1946 hatte der Internationale Militärgerichtshof in Nürnberg die Waffen-SS als Teil der SS und damit als eine «verbrecherische Organisation» eingestuft. Damit waren die ehemaligen Angehörigen der Waffen-SS rechtlich schlechter gestellt als die Wehrmachtveteranen, was in den ersten Jahren der Bundesrepublik immer wieder zu Streit führte. Nur wenn man einzig auf die vermeintlich zeitlosen Fertigkeiten des Soldatenhandwerks schaut, erscheinen die Angehörigen der Waffen-SS als «Soldaten wie andere auch». Mit diesem Titel verriet der ehemalige Generaloberst der Waffen-SS Paul Hausser den Rechtfertigungscharakter seiner Memoiren. Auch die «Hilfsgemeinschaft auf Gegenseitigkeit der ehemaligen Angehörigen der Waffen-SS» (HIAG), von Hausser 1951 mit gegründet, hatte das Ziel, die Waffen-SS als eine ganz normale militärische Formation erscheinen zu lassen und nicht als eine «verbrecherische Organisation». Tatsächlich war der juristische Status ihrer Angehörigen widersprüchlich. 1961 wurden die Ex-Waffen-SSler den ehemaligen regulären Soldaten rechtlich gleichgestellt.

34. Ist das Recht, das Wehrmacht-Richter sprachen, rechtens? Ja, im Sinne des NS-Regimes. Nein, wenn es nach heutigem Rechtsverständnis geht. Und wonach sonst sollte es heute gehen? Dagegen täuscht die Annahme einer Rechtskontinuität – in der skandalträchtigen Formulierung des ehemaligen Marinerichters und Ministerpräsidenten Hans Filbinger aus den 1970er Jahren: «Was damals rechtens war, kann heute nicht Unrecht sein» – darüber hinweg, dass die Wehrmachtjustiz ein wesentlicher Teil des nationalsozialistischen Unrechtssystems gewesen ist. Sie lag im Kampf gegen die Feinde an der inneren Front seit den 20er Jahren ganz auf der Linie des nationalsozialistischen Rechtsverständnisses. Im «Dritten Reich» wurde der rechtsstaatliche Grundsatz aufgehoben, dass eine Tat nur zu bestrafen ist, wenn das Strafgesetz einen entsprechenden Straftatbestand vorsieht. Mit Strafe musste hier rechnen, wer eine Tat beging, die «nach dem Grundgedanken eines Strafgesetzes und nach dem gesunden Volksempfinden Bestrafung verdient». Auch das Rückwirkungsverbot wurde aufgehoben: Strafe drohte jetzt selbst für eine Tat, die zum Zeitpunkt der Tat gar nicht strafbar gewesen war. Das Ende der Verhältnismäßigkeit brachte schließlich die Lehre vom normativen Tätertyp. Danach ist beispielsweise ein Dieb, wer dem Wesen nach ein Dieb ist, egal, ob er tatsächlich etwas gestohlen hat. Extreme Strafen drohten dem, der durch geringfügige Straftaten zu erkennen gab, dass er einfach nicht in die Volksgemeinschaft passte. Viele Juristen sahen den Richter als Träger der «völkischen Selbsterhaltung». Recht war, was der «Führer» für Recht hielt.

Die Kriegssonderstrafrechtsverordnung (KSSVO) vom 17. August 1938 regelte in § 5, dass wegen «Zersetzung der Wehrkraft» mit dem Tode bestraft wird, «1. wer öffentlich dazu auffordert oder anreizt, die Erfüllung der Dienstpflicht in der deutschen oder einer verbündeten Wehrmacht zu verweigern, oder sonst öffentlich den Willen des deutschen oder verbündeten Volkes zur wehrhaften Selbstbehauptung zu lähmen oder zu zersetzen sucht; 2. wer es unternimmt, einen Soldaten oder Wehrpflichtigen des Beurlaubungsstandes zum Ungehorsam, zur Widersetzung oder Tätlichkeit gegen einen Vorgesetzten oder zur Fahnenflucht oder unerlaubten Entfernung zu verleiten oder sonst die Manneszucht in der deutschen oder einer verbündeten Wehrmacht zu untergraben; 3. wer es unternimmt, sich oder einen anderen durch Selbstverstümmelung, durch ein auf Täuschung berechnetes Mittel oder auf andere Weise der Erfüllung des Wehrdienstes ganz, teilweise oder zeitweise zu entziehen.» In minder schweren Fällen konnte auf Zuchthaus oder Gefängnis erkannt werden. Zwischen 1933 und 1945 wurde eine enorme Zahl von Todesurteilen vollstreckt. Die Schätzungen bewegen sich zwischen 18 000 und 22 000. Zum Vergleich: Im Ersten Weltkrieg waren es nur 48 gewesen. Die Briten vollstreckten 40, die Amerikaner 146, die Japaner 22 253 Todesurteile, für die Rote Armee wird die Zahl auf 150 000 geschätzt.

Die NS-Justiz hatte ein bizarres Nachspiel. Über 60 Jahre hatten Urteile Bestand. Damals Verurteilte wurden weiterhin als Verräter geschmäht. Das geschichtspolitische Kernproblem: Die Aufwertung einiger weniger Kriegsteilnehmer führt automatisch zur Abwertung der vielen, die nach ihrem Selbstverständnis tapfer und unbescholten gekämpft haben. Deshalb war ja auch in den 1950er und 60er Jahren die Anerkennung des militärischen Widerstandes so vertrackt. Nach heftigen Wortgefechten rehabilitierte der Bundestag 2002 die Deserteure, Kriegsdienstverweigerer und «Wehrkraftzersetzer». Die so genannten Kriegsverräter hatten davon nichts. Laut Militärstrafgesetz wurde als Kriegsverräter verurteilt, wer als Soldat dem Land Schaden zufügte oder dem Feind einen Vorteil verschaffte. Darunter fielen ganz unterschiedliche Vergehen, der Besitz eines alliierten Flugblattes zum Beispiel, Beihilfe zur Flucht eines Juden oder ein falsches Wort zur falschen Zeit. Fälle schweren Landesverrats sind dagegen nicht bekannt, wie die Urteile zeigen. Kriegsverrat ist Kriegsverrat, hieß es auf der einen Seite. Weil nicht auszuschließen sei, dass die Betroffenen ihren Kameraden geschadet hätten und sich auch nach heutigem Recht strafbar gemacht hätten, hatte die CDU/CSU eine über die Einzelfallprüfung hinausgehende pauschale Rehabilitierung zunächst abgelehnt. Auf der anderen Seite hieß es, dass die NS-Urteile mit rechtsstaatlichen Prinzipien grundsätzlich nicht vereinbar seien und daher aufgehoben werden müssten. Im September 2009 wurden die letzten 68 Verurteilten rehabilitiert, und zwar auf einen Schlag. Die Verräter waren nicht länger Verratene.

35. Warum mussten sich Soldaten am Himmel und am Boden vor einer Acht-Acht in Acht nehmen? Eigentlich war die Acht-Acht eine Flugabwehrkanone (Flak), eines der bekanntesten und am meisten gefürchteten Geschütze des Zweiten Weltkriegs. 8,8 cm-Flak 18 lautete die korrekte Typenbezeichnung. Sie bezog sich wie bei Waffen üblich auf das Kaliber. Die Modellbezeichnung «18», die normalerweise auf das Jahr der Konstruktion oder der Einführung hinweist, erinnert in diesem Fall daran, dass die Waffe im Geheimen, während der Rüstungsbeschränkung durch den Versailler Vertrag, entwickelt wurde. Seit dem Ende des Ersten Weltkriegs wurde an der schweren Flak-Artillerie gefeilt, weil die älteren bodengestützten Waffen gegen hoch fliegende Flugzeuge kaum noch etwas ausrichten konnten. Seit 1933 produzierte Krupp in Essen das Modell serienmäßig. Ihre Feuerprobe – im doppelten Sinn – bestand die Waffe im Spanischen Bürgerkrieg. Zwischen 1939 und 1945 war sie an fast allen Fronten eingesetzt. Eine Einheit der Artillerie, eine «Batterie», bestand in der Regel aus vier Geschützen. Wer es genau wissen will: Die Acht-Acht wog 5150 kg, hatte eine Rohrlänge von knapp 5 m, eine Schussweite von fast 15 km und eine Schusshöhe von über 10 km. Pro Minute feuerte sie 15 bis 20 Sprenggranaten mit einer Mündungsgeschwindigkeit von 820 m/sek ab. Weiterentwicklungen wie die 8,8-cm-Flak 41 vom Rüstungskonzern Rheinmetall erzielten noch höhere Werte. Die Flak war in der Regel auf einer kreuzförmigen, von einem speziellen Anhänger gezogenen Lafette montiert, wo sie um 360 Grad gedreht werden konnte; es gab aber auch Selbstfahrlafetten und Plattformen für Eisenbahnwagen. Die 8,8 cm-Flak war das wichtigste Geschütz der Flugabwehr im alliierten Bombenkrieg. Rund 10 950 Flakgeschütze waren im August 1944 im Einsatz. Ließen sich die Flugdaten errechnen, schoss die Flak gezielt; wenn nicht, wurde ein Einflug-Sektor unter «Sperrfeuer» gelegt. Der Munitionsverbrauch war auch deshalb enorm, weil das Radar die Werte nicht haargenau ermitteln konnte und weil bis 1945 Zeitzünder verwendet wurden, es also passieren konnte, dass eine Granate das Flugzeug durchschlug und erst später explodierte.

Eigentlich war die Acht-Achter also eine Flak. Doch ihren besonderen Ruf erwarb sie sich durch ihre Verwendung im Erdkampf als Waffe zur Panzerbekämpfung. Ihre Geschosse konnten sogar die Panzerung des sowjetischen T 34 durchschlagen. Mit den hauptsächlichen, aber leichteren Panzerabwehrkanonen PaK 36 und 38 war da nichts zu machen. Die 8,8 feuerte Panzergranaten, die Panzerungen von 106 mm noch in einer Entfernung von 1 km durchschlugen. Schon ein kurzer Blick auf die 8,8, etwa im Foyer des Imperial War Museums in London, lässt jedoch einen Nachteil erkennen: die hochaufragende Konstruktion und ihr enormes Gewicht. Gleichwohl nutzten auch britische und amerikanische Truppen erbeutete Acht-Achter.

Schließlich wurde die 8,8 auch für die Bewaffnung eines Panzerkampfwagens, des Tigers I, eingesetzt, und sie war 1943 die Basis für die PaK 43, mit der die «Königstiger» (Tiger II) ausgestattet wurden.

Präsent sind bis heute die Propagandaaufnahmen der «Deutschen Wochenschau», auf denen die Flakbatterien mit den großen Flakscheinwerfern im Einsatz zu sehen sind. Seit 1943, als die Flaksoldaten immer häufiger an die Front verlegt wurden, rekrutierte man Teenager als «Flakhelfer». Mitte 1944 waren es bereits über 50 000. Als HJ-Mitglieder hatten sie keinen Kombattantenstatus. Die Flak stand auf Flakbunkern oder auf freiem Feld, oder, wenn sie nicht im Einsatz war, in standardisierten Flakhallen. Die dienen bis heute als Werkhallen und Jugendzentren oder tauchen in Straßenbezeichnungen auf. In der Alten Flakhalle von Böhl-Iggelheim etwa finden «Flak you»-Festivals statt – Heavy Metal statt Heavy Armor.

36. Hatten Soldaten Sex? Auch wenn es auf den ersten Blick paradox anmutet: Lust und Liebe gehörten zum Kriegsalltag und wurden ihrerseits durch ihn geprägt. Zunächst: Eingezogen zu werden bedeutete Trennung von der Geliebten, Sehnsucht und Verlustangst. Die intimen Feldpostbriefe zeigen eindrucksvoll, wie schwierig es war, über Monate und Jahre eine Liebesbeziehung aufrechtzuerhalten. Zärtliche Worte, Kosenamen, Erinnerungen an das letzte Tête-à-Tête und natürlich die Hoffnung auf ein baldiges Wiedersehen machten viele Briefe zu Liebesbriefen. Selbstgebastelte Geschenke gingen zwischen Front und Heimat hin und her. Nichts war schrecklicher, als wenn Briefe wochenlang ohne Antwort blieben. Hatte die Geliebte etwa einen anderen? Die Angst um die Beziehung setzte sich in der Gefangenschaft fort. Die Horrorvorstellung deutscher Kriegsgefangener nach 1945: eine Affäre der Geliebten mit einem Besatzer, einem «Neger» womöglich. Die Brutalität der Schlachtfelder nährte die Sehnsucht nach Zärtlichkeit in der Heimat. Im Gedanken an die Verlobte, die Ehefrau oder eine flüchtige Bekanntschaft aus dem Fronturlaub flohen die Männer aus dem Kriegsalltag. Die Propaganda wusste diese emotionale und sexuelle Antriebskraft zu nutzen. «Don't just kiss 'em Goodbye – Work to bring 'em back» hieß es auf einem britischen Poster, das ein innig umschlungenes Paar zeigte.

Mann und Frau trafen sich manchmal heimlich, in der Nähe der Front oder während einer Dienstreise. Manche Liebesgeschichte, manche Affäre nahm ihren Ausgangspunkt an unwirtlichen Orten, an denen Frauen und Männer, die sich zu Friedenszeiten kaum begegnet wären, zusammentrafen: im Zug, auf dem Bahnhof, im Lazarett. Wen die Todesangst umtrieb, der suchte Trost in der Liebe. Der Wunsch, als Individuum begehrt zu werden, wirkte wie ein Gegenmittel gegen das Gefühl, in der Anonymität der Masse unterzugehen. Wo die Verlobte oder Ehefrau unerreichbar war, wurden fremde Frauen zur Projektionsfläche. Die adrette Krankenschwester regte die erotische Phantasie an – ein beliebtes Motiv der Kriegsliteratur.

Zu gefährlichen Liebschaften kam es, wenn Soldaten nicht nur ein fremdes Land, sondern auch dessen Frauen eroberten. Allein für Nord- und Westeuropa, wo die Minderheit der Soldaten stationiert war, zeugen rund 200 000 Soldatenkinder von sexuellen Beziehungen mit dem Besatzer. Im katholisch-konservativen Frankreich etwa waren die Jahre der Besatzung auch «erotische Jahre» (so der Untertitel einer Untersuchung). Die Niederlage wirkte sich nicht negativ auf die Sinnenlust aus – im Gegenteil. Die Pariser Tanzsäle, Theater und Kinos waren voll, und obwohl 1,8 Millionen französischer Männer in Kriegsgefangenenlagern saßen, stieg die Geburtenrate nach der Besetzung an. Französinnen fanden die *Boches* attraktiv, die «collaboration horizontale» boomte.

Doch selbst im Osten, wo Hunderttausende deutscher Soldaten diesseits der Schützengräben in einem Umfeld lebten, in dem die einheimischen Männer an der Front, in Gefangenschaft oder tot waren, gab es zahlreiche Kontaktmöglichkeiten. In der Praxis kam es daher immer wieder zu Affären, nicht zuletzt im Baltikum, wo die Deutschen zunächst wohlgelitten waren. In den Fotoalben vieler Landser findet sich ein Gruppenbild mit Dame. Bei der Suche nach Lebensraum fand mancher eine Lebensgefährtin. Die militärischen Vorgesetzten dagegen sahen die «Manneszucht» in Gefahr und mahnten zur Zurückhaltung. «Außerehelicher Verkehr Deutscher mit Angehörigen fremden Volkstums» war nicht nur wegen des Risikos der Geschlechtskrankheiten unerwünscht. Im Partisanenkampf galten attraktive Frauen zudem als Agentinnen; in Wirklichkeit handele es sich, so die Propaganda, um getarnte «Judenweiber». Wäre es nach der NS-Theorie gegangen, hätten später die Soldaten als Wehrbauern mit rassisch einwandfreien BDM-Mädchen den neuen Lebensraum besiedeln sollen. Uneheliche Kinder könnten doch, lautete dagegen eine pragmatischere Auffassung, den kriegsbedingten Kindermangel kompensieren. Aus der Idee eines Generaloberst, den Soldatenkindern nach ihrem russischen Vornamen «Friedrich» bzw. «Luise» als zweiten Vornamen beizufügen, wurde nichts. Makulatur blieb auch Hitlers Auftrag an Himmler, alle Soldatenkinder im Osten durch die SS zu «mustern», die «rassisch wertvollen» ins Reich zu deportieren und die übrigen zu töten. Um der wilden Prostitution entgegenzuwirken, richteten die Armeen ärztlich kontrollierte Bordelle und «Absteigehotels» ein. In Frankreich arbeiteten dort bereits vorher bekannte Prostituierte, in der Sowjetunion, wo Prostitution verboten war, wurden Frauen zur Prostitution geworben oder gezwungen. Diese Form der organisierten sexuellen Gewalt im NS-Regime ist nicht mit einer anderen zu verwechseln: der Sex-Zwangsarbeit im KZ.

Der Krieg war auch ein Krieg der Geschlechter. Sexuelle Gewalt zählte zu seinen Begleiterscheinungen. Eine perfide Form der Demütigung des Feindes war die Vergewaltigung seiner Frauen – Sex als Waffe. Im Ostfeldzug waren Vergewaltigungen zwar nicht Teil einer Strategie, doch fielen die Urteile der Kriegsgerichte im Vergleich zu Frankreich milder aus. In Fernost wurden etwa 200 000 «Trostfrauen», junge Koreanerinnen zwischen zwölf und 22 zumeist, von der Armee des japanischen Kaisers wie Sex-Sklavinnen in Armeebordelle gezwungen. 1945 verbreiteten alliierte Soldaten, vor allem Rotarmisten, Angst und Schrecken, die Zigtausende deutscher Frauen während der Besetzung und zu Beginn der Besatzung vergewaltigten.

Nach Kriegsende entpuppten sich Liebesbeziehungen häufig als verhängnisvolle Affären. In den ehemals besetzten Gebieten kamen die wenigsten Frauen ungeschoren davon. Für Westeuropa ist das sogar wörtlich zu nehmen. Den Französinnen, die sich mit einem Soldaten der deutschen Besatzungsmacht eingelassen hatten und erwischt wurden, wurde der Kopf kahlgeschoren. In einem archaischen Ritual mussten glatzköpfige Frauen spießrutenlaufen. Noch schlimmer traf es denunzierte «Deutschenliebchen» in Osteuropa, wo der NKWD kurzen Prozess machte. Da der Mythos jedoch nur den nationalen Widerstand kannte, erwähnten die sowjetischen Historiker die Liebesbeziehungen mit keiner Silbe. Mütter, die ihre Kinder nicht wollten oder deren Vater unbekannt bleiben sollte, gaben den Nachwuchs als fremde Kriegswaise aus. Und wohin mit dem Kind nach Kriegsende, wenn es nach der Deportation der Frau zur Zwangsarbeit im Reich geboren worden war und die Mutter nun in die UdSSR zurückgeschickt wurde? Aus Angst vor Stalins drakonischen Strafen für Landesverrat warf manche verzweifelte Mutter ihr Kind weg.

Der Feind in meinem Bett: Das war lange tabu, passt es doch weder zu unserer Vorstellung vom Vernichtungskrieg noch zu nationalen Widerstandsmythen. Erst 40 Jahre nach Kriegsende meldeten sich die Kinder ehemaliger Wehrmachtsoldaten zu Wort, während in Fernost ehemalige «Trostfrauen» heute immer noch für Gerechtigkeit demonstrieren.

37. Warum wusste jeder Soldat, was vor der Kaserne, vor dem großen Tor stand? Weil wohl jeder die Anfangszeile des berühmtesten Soldatenliedes auswendig kannte: «Vor der Kaserne / Vor dem großen Tor / Stand eine Laterne, / Und steht sie noch davor, / So woll'n wir uns da wiederseh'n / Bei der Laterne woll'n wir steh'n / Wie einst, Lili Marleen. //» «Unsere beiden Schatten / Sah'n wie einer aus, / Daß wir so lieb uns hatten, / Das sah man gleich daraus. / Und alle Leute soll'n es seh'n, / Wenn wir bei der Laterne steh'n / Wie einst, Lili Marleen.» Und am Ende heißt es: «Aus dem stillen Raume, / Aus der Erde Grund, / Hebt mich wie im Traume / Dein verliebter Mund. / Wenn sich die späten Nebel dreh'n, / Werd' ich bei der Laterne steh'n / Wie einst, Lili Marleen.» Der Text stammte aus dem Ersten Weltkrieg, 1937 wurde er vertont (von Norbert Schultze, der für Goebbels auch «Bomben auf Engelland» und «Panzer rollen in Afrika vor» komponierte), ein Jahr später nahm die Schauspielerin und Chansonsängerin Lale Andersen das Lied in den Berliner Electrola-Studios auf, 1939 kam die Schallplatte auf den Markt – und floppte. Populär wurde die Scheibe erst im Krieg, nachdem die Wehrmacht im April 1941 Belgrad eingenommen hatte. Um Soldaten fern der Heimat bei Laune zu halten, wird ihnen bis heute auch im Einsatz ein Kulturprogramm geboten, live oder per Rundfunk. Zu den Platten, die der «Besatzungssender Belgrad» auflegte, gehörte noch im selben Monat Andersens «Lili Marleen». Die Zuhörer waren begeistert, wie Zigtausende von Zuschriften zeigten. Andere Wehrmachtsender sprangen auf den Zug auf und trugen zur Verbreitung des Schlagers bei. Ein Jahr später, als die Sängerin in Berlin wegen Kontakten zu Juden unangenehm auffiel und vorübergehend nicht mehr auftreten durfte, verbot Goebbels das Lied.

Doch «Lili Marleen» wurde zu einem internationalen Hit. Der Belgrader Sender hatte eine enorme Reichweite, und das sentimentale Lied von Abschied, Sehnsucht und Tod traf einen Nerv an vielen Fronten. Ab 1942 strahlte der Reichsrundfunk erstmals eine englische Fassung aus, im Mai 1943 erschien in den USA der Song «My Lilli of the Lamplight». Auf Englisch trug das Lied auch eine deutsche Sängerin vor, die 1930 in die USA emigriert war: Marlene Dietrich. In der Version von Perry Como kletterte es 1944 immerhin auf Platz 13 der US-Charts. Der Weltkriegs-Hit erwies sich sogar als Evergreen. Er findet sich beispielsweise im Liederbuch der Bundeswehr «Kameraden singt!» und gehört zum Repertoire des Truppenbetreuungssenders der Bundeswehr, Radio Andernach. Auf Langeoog erinnert seit 2005 ein Denkmal an Lale Andersen, deren Grab sich auf dem Dünenfriedhof befindet. Das Motiv, natürlich: Lale als Lili unter der Laterne. Von Krieg kein Wort.

38. War Hitler der «Gröfaz»? Als «**Grö**ßter **F**eldherr **a**ller **Z**eiten» ließ sich Adolf Hitler 1940 feiern. Seit zwei Jahren war er Oberbefehlshaber der Wehrmacht; im Dezember 1941 übernahm er auch den Oberbefehl über das Heer, Ende 1942 befehligte er schließlich selbst die Heeresgruppe A im Kaukasus. Weil er der Wehrmachtführung misstraute und sich selbst für einen begnadeten Feldherrn hielt, dem der Generalstab nicht das Wasser reichen konnte, mischte sich der Diktator in die militärische Führung auch auf operativer, ja auf taktischer Ebene ein. Servile Militärs bestätigten Hitler in diesem Selbstbild. Größter Feldherr aller Zeiten: diese Lobhudelei ging auf den Chef des OKW, Keitel, zurück, und schon der Reichskriegsminister Blomberg hatte sich darin gefallen, das militärische Genie Hitlers in höchsten Tönen zu würdigen. Hier ging es nicht nur um Eitelkeiten. Denn zum einen war das Bild des genialen Feldherrn, der sich auf seine Intuition verlassen konnte, ein wesentlicher Teil des Hitler-Mythos. Das Vertrauen auf das militärische Geschick des «Führers» ließ Millionen Deutsche, nicht zuletzt die Soldaten, bis kurz vor Schluss an eine Kriegswende glauben. Zum anderen hat das übermenschliche Selbstbild, von den Experten bestätigt, dazu beigetragen, dass Hitler sich selbst überschätzte und starrsinnig an der Fortsetzung des Krieges festhielt, als ein Sieg bei halbwegs rationaler Betrachtung außerhalb des Möglichen lag.

Was war dran an Hitlers Feldherrnkunst? Der Kriegsverlauf schien ihm zunächst Recht zu geben. Die schnellen militärischen Erfolge in Polen und im Westfeldzug bestärkten den Nimbus des Führers. Unverständlich blieb indes, warum er die Evakuierung des britischen Expeditionsheeres bei Dünkirchen nicht verhindert hatte. Die Landung in England, mit der Hitler die Briten zur Anerkennung der deutschen Hegemonie zwingen wollte, blieb aus. Der Krieg gegen die UdSSR war alles andere als ein weiterer «Blitzkrieg», wie Hitler gemeint hatte; der «Ostfeldzug» erforderte viel mehr Ressourcen als geplant, überforderte die Wehrmacht und mündete in den Katastrophen von Stalingrad und Kursk. Auf die Landung der Alliierten in der Normandie war die Wehrmacht nicht hinreichend vorbereitet. So bleibt als knappe Bilanz, dass Hitler den Zweiten Weltkrieg politisch vorbereitet und militärisch mit der größten Niederlage beendet hat, unterstützt von willfährigen Militärs, die sich später zu Unrecht auf Hitlers Dilettantismus beriefen, als hätten sie ohne den Gefreiten des Ersten Weltkrieges den «verlorenen Sieg» errungen, wie bereits der Titel der Manstein-Memoiren suggeriert.

39. Engagierten sich deutsche Offiziere bei der Antifa? Eine **antifa**schistische Organisation gründeten 95 Wehrmachtoffiziere am 11./12. September 1943, ohne dass Hitler etwas dagegen tun konnte. Denn diese Offiziere befanden sich in sowjetischer Kriegsgefangenschaft. Im Lager Lunjowo nahe Moskau schlossen sie sich zum «Bund Deutscher Offiziere» (BDO) zusammen mit der Absicht, durch Propaganda ihre Kameraden zum Überlaufen zu bewegen und so gemeinsam mit der Roten Armee den Zusammenbruch des NS-Regimes zu beschleunigen. Der BDO arbeitete mit dem «Nationalkomitee Freies Deutschland» (NKFD) zusammen, das kommunistische Emigranten und deutsche Kriegsgefangene kurz nach der Niederlage bei Kursk am 13. Juli 1943 in Krasnogorsk bei Moskau gebildet hatten, unter sowjetischer Kontrolle, versteht sich. Der Präsident des BDO, General Walther von Seydlitz-Kurzbach, war zugleich Vizepräsident des NKFD. Prominente Unterstützung erhielten die Antifaschisten der anderen Art auch von dem Mann, der mit den Überlebenden der 6. Armee bei Stalingrad in Gefangenschaft gegangen war: Generalfeldmarschall Paulus. Die Wirkung der Rundfunkansprachen, der Grabenlautsprecher und Flugblätter verpuffte jedoch. Die deutschen Soldaten auf der anderen Seite der Front ließen sich nicht von der Aussichtslosigkeit ihres Tuns überzeugen, was auch am sozialistischen Einschlag der Propaganda gelegen haben mag. Da half auch die Autorität der hohen Tiere wie Paulus und Seydlitz nichts, die ihren Kameraden die militärische Misere ebenso fachmännisch wie schonungslos vor Augen führten. Als die UdSSR die in Teheran erhobene

Forderung der Westmächte nach einer bedingungslosen Kapitulation auch auf ihre Fahnen schrieb, spielten der BDO und das NKFD nur noch eine Statistenrolle. Ein «Aufruf der 250 Generale an Volk und Wehrmacht» vom 8. Dezember 1944 stieß im Reich auf taube Ohren. Auch auf Stalins Deutschlandpolitik hatten die Offiziere der Antifa keinen Einfluss. Beide «antifaschistischen» Organisationen wurden am 2. November 1945 aufgelöst. Die beteiligten Offiziere mussten sich dafür in Westdeutschland noch lange den Vorwurf des «Verrats» gefallen lassen, vor allem von den Veteranenverbänden. (Die autonomen Antifa-Gruppen der 1980er Jahre ließen die möglichen militärischen Idole ebenfalls links liegen, wenngleich aus anderen Gründen.)

40. War Befehlsverweigerung lebensgefährlich? «Befehl ist Befehl», hieß es in Prozessen wegen nationalsozialistischer Gewaltverbrechen immer wieder. Die Angeklagten brachten vor, dass sie mit dem Tod oder mindestens der Einweisung in ein Konzentrationslager bedroht gewesen seien, wenn sie die verbrecherischen Befehle nicht ausgeführt hätten. Stimmt das? Oder handelt es sich bei diesem Verweis auf die Notstandsvorschrift, nach der Straffreiheit garantiert ist, wenn Taten unter Druck unausweichlicher Gefahr für Leib und Leben begangen wurden, um eine Entlastungsformel? Tatsache ist, dass diese Behauptung eines so genannten Befehlsnotstandes bisher in keinem einzigen Fall der Nachprüfung standgehalten hat. Kein Soldat oder Polizist, kein Funktionär des NS-Staates, kein KZ-Wächter ist gegen seinen eigenen Willen zu verbrecherischen Handlungen gezwungen worden. Weigerten sich SS-Angehörige, zum Beispiel an völkerrechtswidrigen Erschießungsaktionen teilzunehmen, wurden sie allenfalls versetzt, nie jedoch zum Tode verurteilt, standrechtlich oder ohne Urteil erschossen. Die «Zentrale Stelle der Landesjustizverwaltungen zur Aufklärung von NS-Verbrechen» in Ludwigsburg hat jedenfalls festgestellt, dass den Gerichten kein einziger Fall vorgelegt wurde, in dem ein Befehlsnotstand gegeben war.

Ein Wehrmachtoffizier konnte theoretisch den Befehl zu einem Kriegsverbrechen mit allen Konsequenzen ausführen oder verweigern. Beide Extreme stecken einen Handlungsspielraum ab, den es durchaus gegeben hat. Sicher, der einzelne Soldat führte nur Handlungsanweisungen aus, die nicht auf seinen persönlichen Willen, sondern die Institution zurückgingen. Ein System von Strafe und Belohnung, von Indoktrination und militärischer Erziehung sorgte dafür, dass die Anweisungen ausgeführt wurden. Darauf beruhte die militärische Leistungsfähigkeit der Streitkräfte, aber auch ihre Beteiligung an Kriegsverbrechen. Der Einzelne hatte jedoch einen Handlungsrahmen; den Befehl konnte er nicht beeinflussen, *wie* er ihn jedoch umsetzte schon. Auch dieser Befund widerlegt ein Argument, das ehemalige Soldaten nach 1945 immer wieder vorbrachten, wenn es um strafrechtliche Folgen und moralische Verantwortung des eigenen Handelns im Krieg ging. Eine andere Frage ist, wie sich der Soldat in Situationen verhielt, in denen er nicht der Logik von Befehl und Gehorsam unterlag, sondern über sein Verhalten selbst entscheiden konnte. Während einige den Freiraum nutzten und etwas taten, das nicht auf der Linie möglicher Befehle gelegen hätte, handelten andere aufgrund der anhaltenden Gewöhnung an die Gewalt – Militärhistoriker sprechen von Brutalisierung – ganz so, als hätte man ihnen befohlen zu rauben, zu plündern oder zu vergewaltigen. Ob sie menschlich oder unmenschlich handelten, hing insofern von den Soldaten ab. Einen Automatismus gab es nicht. Die Forschung hat darüber hinaus gezeigt, dass die Täter in den seltensten Fällen gestörte Persönlichkeiten waren, sondern «ganz normale Männer», die in ihrem zivilen Leben, aber auch als Soldat an anderen Kriegsschauplätzen zu willkürlichen, exzessiven Gewalttaten nicht bereit gewesen wären.

41. Stimmt es, dass die Wehrmacht für die Westalliierten im Einsatz war? Das Ende des Krieges war nicht das Ende der Wehrmacht. Trotz ihrer Kapitulation existierte die Wehrmacht weiter. Ihre Organisationsstrukturen blieben bis zu ihrer offiziellen Auflösung am 20. August 1946 teilweise erhalten. Die westlichen Besatzungsmächte Großbritannien, USA und Frankreich, deren Soldaten allmählich demobilisiert wurden, rekrutierten bereits in dieser Zeit aus den deutschen Kriegsgefangenen freiwillige Hilfskräfte. Deutsche Soldaten sollten die zerstörte militärische Infrastruktur reparieren, Kampfmittel räumen und Bewachungsaufgaben übernehmen. Formation auxiliaire (FA), Labor service (LA) oder Labor Service Units (LSU) und German Service Organization (GSO): So hießen ab Herbst 1945 diese so genannten Dienstgruppen in der französischen, amerikanischen bzw. britischen Besatzungszone. Die Soldaten galten nicht als Kriegsgefangene, sondern als Feindpersonal, das sich ergeben hatte – eine kuriose Form des Wehrverhältnisses.

Wohl am bekanntesten ist der Deutsche Minenräumdienst (German Mine Sweeping Administration, GMSA). Rund 16 000 Soldaten der Kriegsmarine waren bis zur Auflösung am 31. Dezember 1947 auf ihren deutschen Minensuchern auf See, zunächst sogar in der alten Marineuniform samt Orden, doch ohne die Embleme des Nationalsozialismus. Ein Teil der Männer zählte ab 1948 zum Minenräumverband des Zollgrenzschutzes Cuxhaven, ein anderer Teil fand sich in dem neuen Bundesgrenzschutz (See) wieder. An Land hatte die US-Armee Dienstgruppen für die Bewachung von Versorgungs- und Nachschublagern, Sammelplätzen für Kriegsmaterial und Gebäuden eingesetzt, die Anfang 1947 der amerikanischen Militärpolizei unterstellt und einheitlich uniformiert und bewaffnet wurden. Die ehemaligen Soldaten bildeten dann mit Displaced Persons die «Industriepolizei» – eine immerhin 9000 Mann starke Truppe. Bis zur endgültigen Auflösung 1958 waren schätzungsweise mehrere zehntausend ehemalige Offiziere und Soldaten der Wehrmacht im aktiven Einsatz für die Besatzungsmächte; 1955, als die Bundeswehr gegründet wurde, zählten noch rund 54 000 Mann zu diesen Dienstgruppen.

Totaler Krieg

42. Alles Krieg, oder was? Stalingrad war für die NS-Führung ein besonders nachhaltiges Motiv, die Deutschen noch massiver auf den Krieg einzuschwören. Goebbels nutzte die deutsche Niederlage, um die Mobilisierung aller militärischen und zivilen Kräfte im Namen des totalen Krieges zum öffentlichen Programm zu machen. Das gesamte zivile Leben sollte im Dienste der Kriegführung stehen, verkündete er am 18. Februar 1943 in seiner vom Rundfunk übertragenen Rede im Sportpalast in Berlin-Schöneberg. Die Botschaft war eindeutig: Jeder, der den Endsieg wollte, musste sein Leben für die Kriegführung einsetzen, ansonsten würde die Niederlage der Wehrmacht fürchterliche Folgen für alle haben. Dem aufgeputschten – ausgelesenen – Publikum stellte Goebbels dann die seither viel zitierte Frage: «Wollt Ihr den totalen Krieg? Wollt Ihr ihn wenn nötig, totaler und radikaler als wir ihn uns heute überhaupt erst vorstellen können?» Die Propaganda wertete und präsentierte den Beifall der rund 14 000 Anwesenden als Zustimmung der ganzen Volksgemeinschaft. «Totaler Krieg – kürzester Krieg» lautete die Parole.

Der «totale Krieg» war jedoch keine Erfindung der Nationalsozialisten. Zum einen hatte zuletzt der Erste Weltkrieg eindrücklich gezeigt, dass die neuzeitlichen Kriege dahin tendierten, immer totaler zu werden und – ein markantes Zeichen – die Zivilbevölkerung immer mehr in die Kriegshandlungen einzubeziehen. Heimat und Front gingen ineinander über. Nach dem Ersten Weltkrieg hatten daher führende Militärs, namentlich der Ex-General Erich Ludendorff 1935, eine Doktrin des totalen Krieges formuliert. Die Beteiligung des ganzen Volkes und sein Kriegswillen gehörten dazu ebenso wie die gezielte Propaganda. 1943 bedeutete das konkret: die Rüstungsanstrengungen sollten verstärkt und noch mehr Männer für die Front freigesetzt werden, die Befreiung vom Militärdienst wegen **U**nab**k**ömmlichkeit – die «uk-Stellung» – sollte die absolute Ausnahme sein; Frauen sollten kriegswichtige Funktionen übernehmen; die Arbeitspflicht wurde wesentlich ausgeweitet, die wöchentliche Arbeitszeit drastisch erhöht. Nicht kriegswichtige Wirtschaftszweige wurden zurückgefahren; aus den besetzten Gebieten wurden Männer und Frauen als Zwangsarbeiter/innen ins Reich deportiert. Der «Deutsche Volkssturm» bildete den Höhepunkt der allgemeinen Mobilisierung. Drastische Terrormaßnahmen sollten Aufmüpfige abschrecken. Die Propaganda schürte die Angst vor den Folgen eines Sieges der Roten Armee.

Doch der totale Krieg war gar nicht so total. Jedenfalls nicht so total, wie Goebbels & Co. glauben machen wollten. Ein Beispiel für die Grenzen der Totalisierung ist der Einsatz weiblicher Arbeitskräfte. Frauen am Fließband? Das entsprach nun gar nicht der traditionellen Vorstellung, die sich Nationalsozialisten so von einer deutschen Frau machten. Arbeitskräftemangel und Geschlechterrolle gerieten hier in einen Zielkonflikt, der den frühzeitigen totalen Einsatz von Frauen bremste. Die Frauenarbeit nahm in den ersten Kriegsjahren sogar ab. Ende Mai 1939 waren noch 14,6 Mill. Frauen erwerbstätig, 1940 14,4 Mill. und 1941 14,1 Mill. Der Vorkriegsstand wurde erst 1943 leicht übertroffen (14,8 Mill.); ihren Höchststand erreichte die Frauenarbeit im September 1944 mit 14,9 Mill. Obwohl der Bedarf höher war, blieb der Anteil weiblicher Berufstätiger an der Zahl erwerbsfähiger Frauen deutlich unter dem in den USA und Großbritannien.

43. War im Krieg alles erlaubt, weil Krieg war? «Es war eben Krieg ...»: Wer so die Kriegsverbrechen vom Tisch schiebt, erweckt den Eindruck, als schaffe der Krieg einen rechtsfreien Raum. Das überzeugt angesichts der beispiellosen Formen von Gewalt zwischen 1939 und 1945 nur auf den ersten Blick. Tatsächlich gab es längst internationale Abkommen, die für den Kriegsfall Regeln vorschrieben, menschliches Leid mindern und Schäden auf ein unvermeidbares Maß verringern sollten. Die Rede ist vom Recht im Krieg (*ius in bello*), das von dem anderen Pfeiler des Kriegsvölkerrechts, dem Recht zum Krieg (*ius ad bellum*), unterschieden wird.

Die Genfer Konventionen und die Haager Landkriegsordnung bildeten die völkerrechtliche Grundlage für den Zweiten Weltkrieg. Inwieweit sie beachtet wurden, steht freilich auf einem anderen Blatt. Wie sahen die Vereinbarungen aus? 1864 hatten sich 16 Staaten zusammengeschlossen, um den Schutz von verwundeten Soldaten der kriegführenden Heere zu regeln. Diese «Genfer Konvention» wurde 1906 erweitert; ein Jahr später galt sie auch für den Seekrieg (Haager Abkommen). Wie Kriegsgefangene zu behandeln sind und wie die Zivilbevölkerung in den besetzten Gebieten zu schützen ist, das regelte 1907 die Haager Landkriegsordnung, auf die sich die Repräsentanten von 44 Staaten einigten. Kriegsgefangene waren fortan mit Menschlichkeit zu behandeln. Ihre Verpflegung und Unterkunft sollten denen der eigenen Truppenreserve entsprechen. Nur Soldaten, nicht Offiziere, durften zu Arbeiten herangezogen werden, sofern diese nicht im Zusammenhang mit den Kriegshandlungen standen. Auf diesem Abkommen beruhte ein Vertrag zur Behandlung von Kriegsgefangenen, der 1929 in Genf geschlossen wurde. Auch das Deutsche Reich hatte diese Abkommen unterzeichnet. Das Kriegsvölkerrecht zog und zieht die Grenzen, innerhalb derer Kriegshandlungen überhaupt nur zulässig sind. Insbesondere stellt jeder Angriff auf die genannten Personengruppen ein Kriegsverbrechen dar. Wenn heute von den Genfer Abkommen die Rede ist, sind zumeist die vier Genfer Abkommen von 1949 gemeint, die nach dem Krieg an ihre Stelle traten und den Schutz der Verwundeten auf dem Feld und zur See, der Kriegsgefangenen und der Zivilbevölkerung in den besetzten Gebieten regeln.

Nun sah sich das NS-Regime nicht als Teil der Völkerrechtsgemeinschaft, sondern nahm ein eigenes Recht für sich in Anspruch, das dem Kriegsvölkerrecht Hohn sprach – mit gravierenden Konsequenzen etwa für die besetzten Gebiete. Statt die Bewohner bis zu einer Friedensregelung treuhänderisch zu verwalten, wie es das Völkerrecht vorsah, wurde auf sie das nationale Recht mit seinen rasseideologischen Normen angewandt. «Rassenschande» zum Beispiel war dann auch auf fremdem Territorium eine Straftat.

Nach dem Zweiten Weltkrieg wurde der Tatbestand des Kriegsverbrechens ausgeweitet. Nicht nur Grausamkeiten gegen die Zivilbevölkerung, Misshandlung und Tötung von Kriegsgefangenen und Plünderung, sondern auch Völkermord, die wirtschaftliche Ausbeutung besetzter Gebiete und die Zwangsarbeit fremder Staatsangehöriger zählen dazu. Mit der Gründung des Internationalen Strafgerichtshofs (IStGH) 2002 wurde zum ersten Mal ein ständiges internationales Gericht geschaffen, das für die Verfolgung von Kriegsverbrechen zuständig ist, falls kein staatliches Gericht tätig geworden ist. Das 2002 erlassene deutsche Völkerstrafgesetzbuch (VStGB) unterscheidet bei schwersten Straftaten, die im Zusammenhang mit einem internationalen oder nicht internationalen bewaffneten Konflikt begangen werden, Kriegsverbrechen gegen Personen (§ 8), Kriegsverbrechen gegen Eigentum und sonstige Rechte (§ 9), Kriegsverbrechen gegen humanitäre Operationen und Embleme (§ 10), Kriegsverbrechen des Einsatzes verbotener Methoden (§ 11) und verbotener Mittel der Kriegführung (§ 12). Kriegsverbrechen verjähren nicht.

44. Was taten die «Einsatzgruppen» hinter der Front? Wo Unrecht verschleiert werden soll, reicht ein nüchterner Fachbegriff häufig nicht aus. Ein positiv besetztes Wort muss verwendet werden, um von der kriminellen Energie abzulenken, die sich hinter ihm verbirgt. «Sonderbehandlung» für den Mord in den Gaskammern oder «Einsatzgruppe» sind perfekte Beispiele für perfide Begriffswolken. Wer würde sich nicht gemeinsam mit anderen für etwas einsetzen wollen? Doch bei den Einsatzgruppen des «Dritten Reiches» handelte es sich in Wirklichkeit um Killerkommandos, die in den besetzten Gebieten Jagd auf die Zivilbevölkerung machten. Die Massenmörder gehörten mobilen Einheiten des Chefs der Sicherheitspolizei und des Sicherheitsdienstes der SS (SD) an. Sie waren der Wehrmacht bereits 1938/39 nach Österreich, in die Tschechoslowakei und nach Polen gefolgt. Beim Angriff auf die Sowjetunion wurden vier Einsatzgruppen mit jeweils vier bis fünf Sonderkommandos aufgestellt, insgesamt etwa 3000 Mann. Die Einsatzgruppen A, B, C und D wurden den vier Heeresgruppen zugeteilt. So verbrämend wie ihr Name klang auch ihr Auftrag: «Banden» sollten sie bekämpfen, «unerwünschte Elemente» entfernen und «Exekutivmaßnahmen» durchführen – auf Deutsch: Juden töten. Der Tod von rund 900 000 sowjetischen Juden und anderen «Reichsfeinden» geht auf ihr Konto. Allein bis April 1942 töteten die Einsatzgruppen hinter der Front planmäßig über eine halbe Million Menschen jüdischer Herkunft. Zumeist erschossen die «Einsatzgruppen» ihre Opfer; manche vergasten sie in eigens dazu konstruierten Fahrzeugen.

Die Einsatzgruppen waren ein zentrales Mordwerkzeug im «Rassenkampf» der Besatzungsherrschaft und der verbrecherischen Kriegführung in Osteuropa, wo die Bevölkerung der Willkür der Besatzer ausgeliefert war. Die Tätigkeit der Einsatzgruppen zeigt beispielhaft die Bereitschaft der Wehrmachtführung, den Krieg im Osten als einen rasseideologischen Vernichtungskrieg zu sehen. Das Reichssicherheitshauptamt (RSHA) hatte früh mit dem Oberkommando des Heeres (OKH) geklärt, wie die Aufgaben zwischen Sicherheitspolizei oder SD und Wehrmacht verteilt werden sollten. Das Operationsgebiet, in dem allein die militärischen Oberbefehlshaber das Sagen hatten, war relativ schmal. Bei jedem Armeeoberkommando (AOK) hielt sich ein Beauftragter des SD auf, um den Einsatz der Kommandos mit der Militärführung zu koordinieren. Dahinter lagen die Reichskommissariate, in denen die Wehrmachtbefehlshaber für militärische Angelegenheiten zuständig waren und im Übrigen mit den Reichskommissaren zusammenarbeiten mussten. Die Armeeführung wusste daher, was es mit den Einsatzgruppen auf sich hatte. Zwar lässt sich nicht genau feststellen, wie viel die Kommandostäbe oder die einfachen Soldaten von den Mordaktionen wussten und ob sie erkannten oder erkennen wollten, dass es sich um einen systematischen Massenmord handelte, nicht um einzelne Exzesse. Die Verquickung der Judenvernichtung mit dem Kampf gegen Partisanen mochte manchem Soldaten den Blick auf die wahren Zusammenhänge zusätzlich verstellt haben. Der traditionelle Antisemitismus und der Antikommunismus waren jedoch in der Wehrmacht – wie im Bürgertum insgesamt – weit verbreitet und erhöhten die Akzeptanz für das nationalsozialistische Feindbild des «jüdischen Bolschewismus».

Die Leiter der Einsatzgruppen mussten sich 1947/48 vor einem amerikanischen Militärgericht unter anderem wegen Verbrechen gegen die Menschlichkeit und Kriegsverbrechen verantworten. Im «Einsatzgruppen-Prozess», einem der zwölf Nürnberger Nachfolgeprozesse, wurde in 14 Fällen die Todesstrafe verhängt – bei 10 Angeklagten wandelte der Hochkommissar John McCloy Anfang der 1950er Jahre sie in Haftstrafen um. Zu den SS-Angehörigen, die im Kriegsverbrechergefängnis Landsberg am Galgen endeten, zählten SS-Gruppenführer Otto Ohlendorf, der Befehlshaber der Einsatzgruppe D, und SS-Standartenführer Paul Blobel, der Führer des Sonderkommandos 4 der Einsatzgruppe C, das unter anderem 33 771 Kiewer Juden in der Schlucht von Babi Jar ermordet hatte.

Dass diese Verbrechen wesentlich durch Angehörige des SD und der Sicherheitspolizei verübt wurden und nicht von den Wehrmachtssoldaten, nährte bis in die 1990er Jahre wesentlich den Mythos von der «sauberen» Wehrmacht.

45. Zu welchen Gräueltaten führte der Rassismus im Fernen Osten? «Halbaffen» waren die Chinesen in den Augen der Japaner: In einem zunehmend rassistisch motivierten Krieg galt der Gegner auf eine ähnliche Weise als Untermensch wie die Russen den Nationalsozialisten. Bestialische Kriegsverbrechen waren – was hierzulande weniger bekannt ist – auch in Ostasien die Folge, obwohl japanische Soldaten wie die deutschen theoretisch auf ein völkerrechtskonformes Verhalten verpflichtet waren und die einschlägigen Regeln am Mann trugen. Im Fernen Osten ging es allerdings nicht um, wie man heute sagen würde, «ethnische Säuberungen» oder einen staatlicherseits verordneten Vernichtungskrieg. Vielmehr gehörten Folter und Misshandlungen, Deportation zur Zwangsarbeit und Vertreibung zu den üblichen Handlungsweisen der kaiserlichen Soldaten. «Alles töten, alles plündern, alles zerstören» lautete ihre Devise.

So terrorisierten sie insbesondere die chinesischen Kleinbauern im Zuge der so genannten Landbefriedung. 1942 tötete Nippons Soldateska in zwei chinesischen Provinzen mehr als eine Viertelmillion Zivilisten; in Nordchina wurden 2,3 Millionen Bewohner getötet. Besonders grausam war die Massenvergewaltigung von rund 200 000 Frauen durch japanische Soldaten. Um die Folgen der chemischen Kriegführung zu testen, führte das «Bataillon 731» Experimente mit Menschen durch, denen mehr als 3000 Asiaten aller Altersstufen zum Opfer fielen. Japan überzog nicht nur seine Feinde mit brutaler Gewalt, sondern auch jene Völker, die es im Namen einer «Neuen Ordnung» von der

Kolonialherrschaft zu befreien vorgab. Insgesamt, so wird geschätzt, fielen der japanischen Besatzungsherrschaft in China und Südostasien weit mehr als 14 Millionen Menschen zum Opfer.

Zum weltweiten Symbol dieser Gräueltaten wurde das Nanking-Massaker in Ostchina. Am 13. Dezember 1937, fünf Monate nach Beginn des Zweiten Japanisch-Chinesischen Krieges (1937–1945), fiel die kaiserliche Armee in der damaligen Hauptstadt der chinesischen Republik ein, ermordete die gefangenen Soldaten von Chiang Kaisheks Armee, massakrierte zahllose Zivilisten und vergewaltigte rund 20 000 Mädchen und Frauen. Auf 300 000 wird die Zahl der Chinesen geschätzt, die binnen sechs Wochen ums Leben kamen. Bis heute belastet das Massaker das Verhältnis zwischen Japan und China, wo eine Gedenkstätte an das Kriegsverbrechen erinnert. Als 2005 japanische Schulbücher das Massaker zu einem «Zwischenfall» kleinredeten, kam es in China zu Randale gegen japanische Einrichtungen. Ein deutscher Spielfilm (Regie: Florian Gallenberger) warf 2009 einen speziellen Blick auf das Massaker. Sein Thema: der gute deutsche Nazi. Zuvor waren die Tagebücher des lange vergessenen John Rabe entdeckt worden. Der couragierte Leiter der Siemens-Niederlassung (im Film gespielt von Ulrich Tukur) hatte eine Sicherheitszone eingerichtet, um chinesische Zivilisten – insgesamt um die 200 000 – vor den japanischen Soldaten zu schützen; die Hakenkreuzflagge sollte aufgrund des Antikominternpaktes mit Japan Schutz gewähren.

46. War der Zweite Weltkrieg ein Medienkrieg? Massenmedien haben die Geschichte des 20. Jahrhunderts in höchstem Maße geprägt. Politik, Kultur, Wirtschaft und Konsum wandelten sich, weil Presse, Rundfunk und Fernsehen Informationen in den letzten Winkel der Gesellschaft vermittelten. Diese Entwicklung hat auch dem Zweiten Weltkrieg ihren Stempel aufgedrückt, so dass man ihn als einen Medienkrieg verstehen kann. (Gleiches gilt übrigens für die Kriege vorher und nachher, den von 1914/18 und den Kalten Krieg, und allemal für die Konflikte seit dem Golfkrieg von 1991.) Was ist an den Fronten los? lautete die Frage in den Wohnzimmern; eine zweite folgte: Was ist die Information über das Kriegsgeschehen wert? Denn der Krieg war zu einer PR-Angelegenheit geworden: Medien sollten mobilisieren. Zur optimalen Kriegsberichterstattung im Sinne des NS-Regimes waren eigens Propagandakompanien (PK) aufgestellt worden, die erstmals 1938 eingesetzt wurden, als sie mit der

Wehrmacht ins Sudetenland zogen. So genannte Kriegsberichter produzierten Unmengen von Ton- und Bildmaterial. «Filmberichter» drehten Zigtausende Meter Film, von denen ein Bruchteil mit der «Wochenschau» ins Kino kam, und schossen etwa zwei Millionen Fotos. Zur Dokumentation des Polenfeldzugs schickte Hitler extra die Regisseurin und Fotografin Leni Riefenstahl mit einem «Sonderfilmtrupp» hinter die Front. Doch es gab nicht nur Filme und Fotos. Da der Kampf im modernen Krieg auf Distanz geführt wurde, ließ sich vieles nicht unmittelbar darstellen, so dass man Szenen nachstellte oder auf die üblichen ikonenhaften Motive zurückgriff. Auch im modernen Krieg spielten daher die traditionelle Kriegsmalerei und -grafik eine Rolle.

Alle Medien blendeten Elend und Leid, Sterben und Tod weitgehend aus. Die direkte Gewalt, die doch den militärischen Konflikt ausmacht, bekam der Zuschauer kaum zu sehen. Der Kriegsbericht brachte zudem Ordnung in das Chaos auf den Kriegsschauplätzen, schuf den Eindruck von Heldentum und Aufopferung, faszinierte mit Exotik und Abenteuer. Durch die Medien nahm die Volksgemeinschaft als nationales Publikum Gestalt an. Zum einen lasen die Volksgenossen als Medienkonsumenten die gleichen Zeitungen, hörten die gleichen Wehrmachtberichte, sahen die gleichen Wochenschauen. Zum anderen lieferte die Berichterstattung immer wieder einen Anlass, sich von den Anderen, den Feinden, abzugrenzen. Noch heute flimmern ihre Filme und Fotos über die Flachbildschirme. Das Dokutainment, die Mixtur aus Dokumentation und Unterhaltung, greift auf die authentischen Aufnahmen zurück, gerne in Farbe oder nachträglich koloriert, auch wenn die echten Kriegsbilder falsche Kriegs-Bilder vermitteln.

47. Was versteht man unter einem Baedeker-Angriff? Aus dem Reiseführer des Karl-Baedeker-Verlages wurden die Angriffsziele ausgesucht: Städte, die mit drei Sternen als Sehenswürdigkeit markiert waren, heißt es. Der Name «Baedeker-Angriff» jedenfalls, auf Englisch auch *Baedeker raids* oder *Baedeker Blitz*, hat sich für jene Luftangriffe eingebürgert, mit denen die Luftwaffe 1942 «Vergeltung» für den Angriff der Royal Air Force auf die historische Altstadt von Lübeck in der Nacht vom 28. auf den 29. März übte. «Rache für Lübeck!» lautete der Schlachtruf. Dazu bombardierten Kampfflugzeuge militärisch unwichtige, aber kulturgeschichtlich bedeutsame

Städte: Bath, Exeter, Norwich, York und Canterbury. Die RAF reagierte prompt, beispielsweise mit der Bombardierung der Rostocker Altstadt.

Der materielle Einsatz (6600 t Bomben 1942, davon 11 Prozent Brandbomben) war nur ein kleiner Teil dessen, was 1940/41 in der «Luftschlacht um England» aufgewendet worden war und so viel, wie die RAF 1944 in zwei, drei Nächten allein über einer deutschen Stadt abwarf. Auch der angerichtete Schaden, 1600 Tote und rund 50 000 zerstörte Häuser, darunter die Kathedralen von Norwich und Canterbury, rechtfertigte den Aufwand und die eigenen Verluste kaum. Die britische Rüstungsindustrie ließ sich so nicht treffen. Die «Baedeker-Angriffe» dienten indes der NS-Propaganda. Und sie ließen den Luftkrieg weiter eskalieren. Nach der ersten Welle der «Vergeltungsangriffe» wurde das RAF Bomber Command ausgebaut. Die neuen Fernbomber konnten eine höhere Bombenlast aufnehmen, der hohe Anteil an Brandbomben gab dem Flächenbombardement eine neue Qualität. Mit Massenangriffen war die RAF fortan in der Lage, Großstädte in Asche zu legen. Mehr als 1000 Flugzeuge warfen in der Nacht vom 30. zum 31. Mai 1942 ihre Bomben über Köln ab und ließen die Stadt in Flammen aufgehen.

48. Führten deutsche Soldaten auch im Westen einen Weltanschauungskrieg? Dass die Wehrmacht in Osteuropa einen «Vernichtungskrieg» führte, ist belegt. Doch ist der Umkehrschluss zulässig, dass sie im Westen einen ritterlichen Kampf nach althergebrachtem Muster führte? Die jüngste Forschung zeichnet ein komplexes Bild. Auf der einen Seite haben Wehrmacht und Waffen-SS auch in Frankreich Verbrechen an der Zivilbevölkerung begangen. Insgesamt kamen schätzungsweise 15 000 Franzosen durch Repressalien ums Leben. Die SS-Division «Das Reich» richtete in Oradour-sur-Glane am 10. Juni 1944 ein Massaker an. Die Erfahrungen, die Soldaten in der Sowjetunion gesammelt hatten, trugen wesentlich zur Radikalisierung des deutschen Vorgehens in Frankreich bei. Auch in Westeuropa verstieß die Wehrmacht gegen das Völkerrecht, führte sie einen ideologisch motivierten Krieg. Auf der anderen Seite sind die ideologischen Grenzen der Gewalt im Vergleich zum Geschehen in Ost- und Südosteuropa nicht zu übersehen. Während Slawen, jüdische zumal, als rechtlose «Untermenschen» galten, schürte das ältere antiwestliche Feindbild zwar ebenfalls Ressentiments, ohne indes dem Anderen das Menschsein abzusprechen. Das zeigte sich zum Beispiel, als 1944 Wehrmachtsjuristen darüber grübelten, ob die Aktionen der französischen Widerstandsbewegung rechtens seien. Trotz der antiwestlichen Propaganda gegen die «Plutokraten» blieben die französischen Soldaten für die Wehrmachtangehörigen doch «Kameraden». Alles in allem zeigt der Vergleich zwischen beiden Kriegsschauplätzen mehr Unterschiede als Ähnlichkeiten. Der Weltanschauungskrieg im Westen fand nur ansatzweise statt. Aber auch die verbreitete Annahme, wenigstens im Westen habe die Wehrmacht einen «sauberen» Krieg geführt, wurde als Legende entlarvt.

49. Kämpften die Deutschen für Volk und Vaterland? «Für Führer, Volk und Vaterland» lautete die Zauberformel, die Nationalsozialismus und Nationalismus vermengte, um den Kriegstod der Volksgenossen zu rechtfertigen. Tatsächlich besaß die revolutionäre NS-Ideologie eine traditionelle Komponente: den deutschen Nationalismus. Das aus dem 19. Jahrhundert tradierte Weltbild von der natürlichen Zusammengehörigkeit und Überlegenheit aller Deutschen war bereits im Kaiserreich rasseideologisch unterfüttert und nach dem Ersten Weltkrieg weiter radikalisiert worden. Die Nationalsozialisten knüpften hier also an Vorstellungen an, die bei den meisten Deutschen – nicht bei allen – bereits fest verwurzelt waren. Selbst wer von der NS-Ideologie, der Partei und ihren Bonzen nichts hielt, konnte sich doch einreden, dass er für «Deutschland» kämpfe, für Volk und Vaterland eben. War dieser Wert nicht größer, weil älter und «natürlicher»?

Hinzu kam, dass sich der Nationalismus ja nicht in der Liebe zum Vaterland erschöpfte. Lange vor 1933/39 hatte die Konstruktion einer deutschen Nation eine Kehrseite: die Ausgrenzung des Anderen – des «Feindes der Volksgemeinschaft» hieß das dann im «Dritten Reich». Vernichtungskrieg und Germanisierungspolitik konnten sich daher auf tief verankerte antislawische Feindbilder stützen, die das niedrige Lebensniveau der Russen scheinbar bestätigte. Kein Wunder, dass sie auf der Skala rassischer Wertigkeit ganz unten rangierten und der «Führer» dem deutschen Herrenmenschen seinen Platz ganz oben zuwies, mochten sich die Soldaten gedacht und so das Töten gerechtfertigt haben. Das ist *eine* Erklärung dafür, warum die Soldaten der Wehrmacht den Krieg im Osten so lange führten.

Nach dem Krieg wurde die Formel auf ihre nationalen Variablen verkürzt. Nicht für Hitler, nicht für den Nationalsozialismus, schon gar nicht für ein rassistisch definiertes Großgermanisches Reich habe man gekämpft, sondern für das deutsche Volk und Vaterland – als hätte das eine mit dem anderen nichts zu tun gehabt. Doch es passte in die Nachkriegszeit, als der Nationalsozialismus offiziell *out*, der Patriotismus im geteilten Rest-Reich jedoch weiter *in* war.

50. Wäre der Massenmord an den europäischen Juden ohne den Krieg möglich gewesen? Die Ermordung von über fünf Millionen Juden in Europa gilt heutzutage als das zentrale Ereignis des Zweiten Weltkriegs. Nichts prägte den Krieg mehr, nichts unterscheidet ihn deutlicher von allen anderen militärischen Großkonflikten, und nichts ist weltweit bekannter als der Holocaust oder, wie man auch korrekter sagt, die Shoa (hebräisch: großes Unheil). Manche gehen so weit, darin den Kern einer europäischen Identität zu sehen. Dass es einen Zusammenhang zwischen der Kriegführung und dem Massenmord gegeben hat, ist unter Historikern unstrittig. Wie dieser Zusammenhang jedoch genauer zu beschreiben und zu erklären ist, darüber gehen die Meinungen auseinander. Zwei Gruppen haben sich in der Täterforschung seit den 1970er Jahren gegenübergestanden. Um sie leichter zu erkennen, haben die Historiker sie als «Intentionalisten» und «Funktionalisten» bezeichnet. Die erste Gruppe ist der Auffassung, dass die Vernichtung der Juden die Umsetzung eines politischen Zieles war, das sehr früh, lange vor dem Krieg, zum politischen Programm der Nationalsozialisten gehörte. Was Hitler bereits in *Mein Kampf* angedeutet hatte, nahm in den rassistischen «Nürnberger Gesetzen» und in den gewalttätigen judenfeindlichen Aktionen wie der so genannten Reichskristallnacht am 9./10. November 1938 Gestalt an. Als der Massenmord auf der Wannsee-Konferenz am 20. Januar 1942 koordiniert wurde, war er hinter der Front in der UdSSR längst in vollem Gange. In den Konzentrations- und Vernichtungslagern wurde der Massenmord perfektioniert, der mit der Kriegführung einherging, ohne zunächst von ihr beeinträchtigt zu werden. Das zeigte sich etwa 1944 nach der Landung der Alliierten in der Normandie: Eisenbahnwaggons, die man zu militärischen Zwecken dringend gebraucht hätte, wurden weiterhin für die Deportation der Juden eingesetzt. Der Holocaust war, so scheint es in dieser Perspektive, die logische Folge eines frühzeitig festgelegten Mordprogramms. Die Täter setzten die politische Absicht (Intention) um.

Die zweite Gruppe hält diesen «Intentionalisten» entgegen, dass die Shoa von den jeweiligen besonderen Umständen abhing und insofern eine Funktion auch des Kriegsverlaufes war. Die «Funktionalisten» betonen, dass der Antisemitismus der Nationalsozialisten immer drastischere Formen angenommen hat. Wurden die Juden zunächst aus dem politischen und wirtschaftlichen Leben im Reich ausgeschlossen, wurden sie nach Kriegsbeginn in das «Generalgouvernement», die deutsch besetzten Gebiete Polens, deportiert. 1940 kam auch der Plan auf, die Juden in die französische Kolonie Madagaskar abzuschieben. Mit dem Krieg gegen die UdSSR wuchs die Zahl der Juden in den von Deutschen beherrschten Gebieten; knapp 5 Millionen waren es in der besetzten Sowjetunion. Die überfüllten Ghettos Osteuropas sollten von den «Einsatzgruppen» geräumt werden. Angesichts der militärischen Anfangserfolge gingen die Nationalsozialisten jedoch weiter davon aus, die «Judenfrage» durch Deportation nach Osteuropa zu lösen. Als ein rascher Sieg gegen die UdSSR seit Sommer 1941 immer unwahrscheinlicher erschien und schließlich die Niederlage nicht mehr auszuschließen war, wurde die Mordmaschinerie auf Touren gebracht. Im Herbst 1941 sahen die NS-Chargen in der Vernichtung der Juden den einzigen Weg, sie loszuwerden. Auf der Konferenz am Wannsee wurden die verschiedenen Entscheidungen zur Vernichtung, die aus dem Kriegsverlauf hervorgegangen waren, aufeinander abgestimmt. Kurz: Die Täter wurden immer radikaler. In dieser Perspektive erscheint der Massenmord an den europäischen Juden als das Ergebnis eines Anpassungsprozesses, der die nicht vorhersehbare militärische Entwicklung begleitet.

Doch haben wir es bei diesen Thesen wirklich mit einem Gegensatz zu tun? Schaut man genauer hin, wird deutlich, dass sich Funktion und Intention keineswegs ausschließen, sondern miteinander zu vereinbaren sind, sich ergänzen, ja einander bedingen. Sie lenken nur den Blick auf verschiedene Aspekte der historischen Wirklichkeit. Denn das hat die Täterforschung in den letzten Jahren gezeigt: Der Holocaust lässt sich nicht auf *eine* Ursache zurückführen. Wir haben es vielmehr mit einem vielschichtigen Geschehen zu tun, das im Zusammenhang mit dem Krieg und dem Nationalsozialismus zu sehen ist. Wer in der Absicht handelt, einen Massenmord zu begehen, ist auf die Bedingungen seines Handelns angewiesen. Zwar gab es am Rande des Reiches, in den besetzten Gebieten, größere Handlungsspielräume, als man das in einer Diktatur erwartet hätte. Doch wenn die «kleinen Hitler» fern der Machtzentrale diese Spielräume nutzten, dann doch stets im Namen einer zentralen Politik. Die Konkurrenz der einzelnen Funktionsträger sicherte die Macht des Diktators. Zwar hatte die Verfolgung der Juden auch materielle Gründe (Ausplünderung, Ausbeutung), doch zum einen wurden die ideologisch unterfüttert, zum anderen steigerten sie die Attraktivität des Antisemitismus.

Die europaweite Vernichtungspolitik entwickelte sich nach dem Scheitern anderer Pläne seit Anfang 1941 bis zum Frühjahr 1942. Einen ausdrücklichen Befehl Hitlers dazu gab es wohl nicht. Gleichwohl begann ein fatales Wechselspiel durch Vorgaben von oben, die aus der radikal antisemitischen Ideologie und Hitlers Befürwortung der radikalsten Maßnahmen stammten, und durch Initiativen von unten, die auf einzelne Instanzen des Regimes und SS-Angehörige zurückgingen. Nicht weil Hitler den Mord im Einzelnen angeordnet hatte, sondern weil sich die Mörder auf seinen Willen berufen konnten, gewann die Vernichtungspolitik ihre tödliche Dynamik. Die Holocaustforschung wird auch künftig das Wechselspiel von Funktion und Intention berücksichtigen. Statt die «Endlösung» in Europa als bloße Durchführung eines Beschlusses zu interpretieren, wird sie in jedem Einzelfall nach den Entscheidungen fragen müssen, die zum Verbrechen geführt haben, nicht zuletzt unter den Bedingungen des Krieges.

51. Spielte der kleine Krieg eine große Rolle? Sprengstoffanschläge, Geiselnahmen, Schüsse von Heckenschützen: Diese Methoden der Kriegführung gehören seit einigen Jahren zu den militärischen Konflikten. Statt dass sich reguläre Armeen im wahrsten Sinne des Wortes gegenüberstehen, kämpft eine Seite verdeckt und im eigenen Land verstreut mit irregulären Mitteln. Wegen des Ungleichgewichts der Kräfte sprechen Experten von asymmetrischer Kriegführung. Um den drastischen Wandel des Krieges seit dem Ende des Ost-West-Konfliktes zu verdeutlichen, ist gar von «neuen Kriegen» die Rede, von einer neuen Form bewaffneter Konflikte, die irregulär geführt werden und sich auch gegen Zivilisten richten. Im Gegensatz zu den «normalen» Kriegen entscheiden nicht mehr (allein) offene Feldschlachten über Sieg oder Niederlage. Die Kriegsparteien wenden vielmehr Techniken des Guerilla- oder Partisanenkampfes an, wie im Zweiten Weltkrieg.

Zwar hatte es bereits in früheren Konflikten vereinzelt Freischärler gegeben, die nicht den regulären Armeen angehörten, zum Beispiel im Kampf gegen die napoleonische Besatzungsherrschaft auf der Iberischen Halbinsel. Im Zweiten Weltkrieg jedoch war der Partisanenkampf weiter verbreitet, und in den Entkolonialisierungskriegen sollten die Guerilleros eine Schlüsselrolle spielen. Besonders intensiv war der Partisanenkampf gegen die nationalsozialistische Besatzung in der Sowjetunion, in Jugoslawien und Griechenland, seit 1943 auch in Frankreich und Italien. In Asien ist der Krieg der Chinesen gegen die Japaner ein einziger Guerillakrieg. Der Partisan sollte sich auf die einheimische Bevölkerung stützen können und sich unauffällig unter der Deckung der Zivilbevölkerung bewegen – wie ein Fisch im Wasser, hatte Mao von seinen Revolutionskriegern gesagt. Häufig unterstützten die kommunistischen Parteien die Partisanen: Für sie wurde der Krieg zur Möglichkeit, die Macht zu übernehmen. In Jugoslawien etwa kämpften Partisanen unter Tito erfolgreich gegen die Deutschen und Italiener, aber auch gegen die faschistische Ustascha von Ante Pavelić und die antikommunistischen serbischen Milizen, die Tschetniks; noch im März 1945 riss Tito die Macht an sich. In Griechenland dagegen verhinderte die britische Armee Ende 1944, dass die kommunistischen Kämpfer an die Regierung kamen; der blutige Bürgerkrieg endete erst 1949, mit einer Niederlage der Kommunisten. Die wohl größte bewaffnete Widerstandsorganisation war die Polnische Heimatarmee, die Armia Krajowa. Sie wurde von der polnischen Exilregierung in London gelenkt und 1944 von der Roten Armee gewaltsam aufgelöst. In den rückwärtigen Gebieten der Ostfront bekämpften sowjetische Partisanen die deutschen Besatzer. Lange unterschätzt, wurde der Widerstand aus der Deckung seit 1942 zu einem militärischen Problem. Im Kampf gegen die Partisanen verübten Wehrmacht und SS zahlreiche Verbrechen an der Zivilbevölkerung. Freischärler sollten sofort erschossen werden, ein kriegsgerichtliches Verfahren war nicht mehr nötig – das sah der völkerrechtswidrige Kriegsgerichtsbarkeitserlass vor. Seit dem Überfall auf die UdSSR galt der Kampf gegen die Partisanen als willkommener Vorwand für die Ausrottung des «jüdischen Bolschewismus». Ob ein Mann bei einem Sabotageakt erwischt worden war oder dessen bloß verdächtigt wurde, ob eine Frau ihm geholfen hatte oder eine potentielle Handlangerin war, spielte keine Rolle. Juden standen ohnehin unter dem Generalverdacht der Partisanentätigkeit. «Partisanenkampf» war geradezu ein Tarnbegriff für Völkermord.

52. Was wurde aus dem germanischen Musterländle am Schwarzen Meer? Nichts, aber zu welchem Preis! Die Rede ist von der Krim, die als germanischer Mustergau vorgesehen war. Auf der multiethnischen Halbinsel am Schwarzen Meer, die sich von November 1941 bis April 1944 ganz oder teilweise in deutscher Hand befand, sollte nämlich der «Gotengau» entstehen. Alfred Rosenberg als «Reichsminister für die besetzten Ostgebiete», Heinrich Himmler als Reichsführer SS und nicht zuletzt Alfred Eduard Frauenfeld, der als «Generalkommissar» für die Krim vorgesehen war, bastelten an einem Mythos: Die deutschen Volksgenossen stünden aufgrund einer «gotischen Erbsubstanz» in einem rassischen Zusammenhang mit den mittelalterlichen Krimgermanen. Durch die «Ansiedlung» deutscher Volksgenossen – unter Südtiroler Bauern wurde bereits für die Besiedlung Reklame gemacht –, die «Umvolkung» von Einheimischen und die «Aussiedlung» (Deportation) der unerwünschten «Fremdvölkischen» sollte die Krim zu einem Mustergau des Großgermanischen Reiches werden. Das lag ganz auf der Linie des «Generalplans Ost», dem von Himmler in Auftrag gegebenen Programm für die deutsche Besatzungspolitik im Osten. Für dessen Umsetzung wurden die Deportation und der Tod von 30 Millionen Menschen in Polen, im Baltikum und den westlichen Gebieten der Sowjetunion in Kauf genommen. Die restlichen «slawischen Untermenschen» sollten den germanischen Bauern als Arbeitssklaven dienen. Was heute bizarr anmutet, besaß Tradition: Im Kaiserreich hatten die nationalistischen Alldeutschen ähnliche Phantasien, und seit dem Ersten Weltkrieg war von der «deutschen Riviera» am Schwarzen Meer die Rede. Aufgrund der militärischen Entwicklung platzte jedoch der Traum vom Gotengau. Ein Albtraum war indes die Besatzungsherrschaft mit Terror, Ausplünderung und Verschleppung zur Zwangsarbeit. Den Genozid, bei dem auch hier SS und Wehrmacht Hand in Hand arbeiteten, überlebten nur 0,4 Prozent der 38 000 Juden.

Kriegsalltag in Deutschland

53. Wozu erfanden die Nationalsozialisten die NS-Neusprech? In «1984», George Orwells Parabel des totalen Überwachungsstaats, perfektioniert die Partei ihre Herrschaft durch die Entwicklung einer besonderen Sprache,

Newspeak, um durch die Manipulation des Vokabulars selbst Gedankenverbrechen gegen das Regime unmöglich zu machen. Auch wenn es so weit im «Dritten Reich» nicht kam, verfehlt die NS-Neusprech nicht ihre Wirkung. Könnte Victor Klemperer heute mit *Google* nach Begriffen der Sprache des «Dritten Reiches» in aktuellen Texten fahnden, wäre er entsetzt. Der verfolgte jüdische Philologe, der vor 1945 akribisch die Wortungetüme notierte, die er zur Lingua Tertii Imperii (kurz: LTI) zählte, müsste zum Beispiel feststellen, dass auch heute noch allenthalben «Säuberungsaktionen» stattfinden. Schülergruppen, Jugendfeuerwehren und Lokalpolitiker führen sie vor Ort durch, nicht, wie im «Dritten Reich», um Feinde der Volksgemeinschaft aufzuspüren, sie wegzusperren oder zu töten, sondern der Umwelt zuliebe. Überrascht wäre Klemperer vermutlich nicht. Er hatte erkannt, dass die Begriffe aufgrund ihrer millionenfachen Wiederholungen unbewusst aufgenommen worden und tief in die Alltagssprache eingedrungen waren.

Zur Herrschaft des Nationalsozialismus gehörte seine Sprache. So entstanden neue Wörter, etwa durch die Zusammensetzung mit ideologischen Schlüsselbegriffen wie «Volk» und «Rasse» («Volksschädling», «Rassenschande»). Aus dem Bereich der Technik und der Biologie wurden Sprachbilder geprägt, die Sachverhalte im Sinne der Ideologie vereinfachen, anschaulich und scheinbar plausibel machen sollten. «Gleichschaltung» und «Menschenmaterial» gehören dazu ebenso wie die Umschreibungen für Juden als «Schmarotzer», «Bazillen» und «Parasiten», die die Gesundheit des deutschen «Volkskörpers» gefährdeten. Darüber hinaus prägte die Propaganda scheinbar harmlose Begriffe, die über ihre wahre Bedeutung leicht hinwegtäuschten: «Arbeitseinsatz» (u. a. Zwangsarbeit), «Arisierung» (Raub jüdischen Eigentums), «Einsatzgruppe» (Mordkommando), «Endlösung» (Massenmord an den europäischen Juden), «Selektion» (Trennung von «arbeitsfähigen» und «arbeitsunfähigen», d. h. zu ermordenden Juden im KZ Auschwitz-Birkenau), «Sonderbehandlung» (Exekution) und eben «Säuberungsaktion».

Manches ätzende NS-Vokabular hat sich so tief eingefressen, dass es auch heute noch oft unbemerkt durchgeht. «Aus dem Wörterbuch des Unmenschen», so lautet der Titel der ersten, 1945/46 (1957) veröffentlichten Sprachkritik, stammen auch noch heute gängige, gleichwohl belastete Begriffe wie «Ausrichtung», «Betreuung», «durchführen», «querschießen». Manche Begriffe existierten vor der

«Machtergreifung» – noch so ein Euphemismus! –, aber heißt das, ihr Missbrauch durch die Nationalsozialisten spielt keine Rolle? Ein Beispiel: Die Redewendung «bis zur Vergasung» war schon vor Auschwitz aus der Physik in die Umgangssprache gelangt, hat aber nach den Gaskammern einen mörderischen Beiklang. Für Empörung sorgten zuletzt ein Mineralölkonzern und eine Einzelhandelskette, als sie an Tankstellen mit dem uralten Slogan «Jedem das Seine» für Kaffeesorten werben wollten. Daraus wurde nichts, denn die zynische, nur von innen lesbare Inschrift des Tores zum Konzentrationslager Buchenwald eignete sich nicht wirklich als Werbeslogan für den Zauber besten Kaffees.

Von diesen Decknamen zu unterscheiden ist das Verschleierungsvokabular der NS-Propaganda, das über den gemeinten Sachverhalt durch Beschönigen hinwegtäuschen sollte. Vor allem in der zweiten Kriegshälfte wimmelte es in der Deutschen Wochenschau von Euphemismen, die es ermöglichten, vom Krieg zu reden, ohne vom schwindenden Kriegsglück der Wehrmacht zu sprechen. Befand die sich unter dem Druck der Alliierten auf dem Rückzug, schnarrten die Sprecher von «Frontbegradigung» oder «Frontverkürzung», von «geplanter Absetzbewegung» und «Abwehrschlacht». Da auch diese verharmlosenden Meldungen von der Front auf die Dauer zu Widersprüchen führten, konnten sie die Tatsachen nicht lange vertuschen. Im Volksmund erhielten die Euphemismen dann einen ironischen Unterton; ihre Wirkung verkehrte sich ins Gegenteil.

54. Ging es den Deutschen etwa zu gut? Das Regime nahm Rücksicht auf seine Bürger, zumindest auf die deutschen Volksgenossen unter ihnen. Diesen Deutschen sollte es auch im Krieg möglichst lange möglichst gut gehen, denn sonst könnte es, so fürchteten die NS-Funktionäre, zu ähnlichen Schwierigkeiten kommen wie im letzten Weltkrieg, als die Versorgungskrise zu Hungerprotesten und Streiks geführt hatte. Ein hoher «Wohlfühl-Faktor» sollte deshalb neben Propaganda, Terrorisierung und Überwachung dafür sorgen, dass die Deutschen dieses Mal bei der Stange blieben und dem Militär nicht in den Rücken fielen wie 1918. Schon die Mobilmachung war gemessen an den Erfordernissen der Kriegswirtschaft eine halbherzige Angelegenheit. Mit sozialpolitischem Balsam, Steuervergünstigungen und einem hohen Lebensstandard, finanziert durch die Ausplünderung der besetzten Länder und das geraubte Vermögen, wollte das NS-Regime die Deutschen bei Laune halten. Doch war das NS-Regime deshalb eine «Wohlfühl-Diktatur», die sich die Zustimmung ihrer Bürger durch Wohltaten erkaufen musste? Haben die Deutschen das NS-Regime aus materiellem Verlangen unterstützt? Geht der Holocaust gar auf Habgier zurück?

Diese «steile» These provozierte 2005 einen Schlagabtausch über den Zusammenhang von Wirtschaft, Sozialpolitik und Shoa. Wirtschaftsgeschichtliche Studien haben indes gezeigt, dass sich der Lebensstandard im «Dritten Reich» nicht verbesserte. So stieg die Sterblichkeitsrate bereits seit 1933, und weil die Nationalsozialisten auf Autarkie setzten, also wirtschaftlich unabhängig sein wollten, drosselten sie die Nahrungsmittelimporte. Seit Mitte der dreißiger Jahre schränkten Rüstung und Devisenmangel die Versorgung ein; es kam zu regelrechten Versorgungsengpässen. Langsam fiel der Index der Verbrauchsgüterindustrie. 1939, 1940 und 1941 lag er über dem Stand von 1938, 1942 darunter, 1943 erreichte er ihn wieder und fiel ab 1944 langsam ab. Allerdings mussten aufgrund der Gebietseroberungen weitaus mehr Menschen versorgt werden, so dass die Pro-Kopf-Versorgung mit Verbrauchsgütern wohl gesunken ist. Durch Bezugsscheine sollten die knapper gewordenen Konsumgüter möglichst gerecht verteilt werden. Nur wer die entsprechenden Lebensmittelkarten vorweisen konnte, erhielt im Deutschen Reich ab dem 28. August 1939 festgelegte Mengen. Wer nicht zur «Volksgemeinschaft» gehörte wie Juden oder Zwangsarbeiter, bekam weniger oder ging leer aus. Karten für Gaststätten, Reichskleiderkarten und Kundenlisten im Kohlegeschäft sollten auch Preissteigerungen entgegenwirken. Wenn allerdings der Preis nicht angehoben werden durfte, wurde die Qualität verschlechtert – eine schleichende Preiserhöhung. Die Gewinne der großen Aktienunternehmen wurden nicht an die einfachen Leute umverteilt, sondern flossen am Fiskus vorbei in stille Reserven. Sicher, «Otto Normalverbraucher» – diese Figur wurde erst in der Nachkriegszeit bekannt – musste nicht Hunger leiden. Doch die Qualität der Lebensmittel war schlecht, und sie waren rationiert. Kein Wunder, dass die Soldaten Päckchen nach Hause schickten, um ihren Lieben daheim den Alltag in der Mangelwirtschaft zu erleichtern. Insofern ging es den Deutschen 1939–1945 besser als 1914–1918, doch es ging ihnen im Zweiten Weltkrieg nicht besser als vorher. Der Glaube an den «Führer» lässt sich daher nicht allein mit seiner Sozial- und Wirtschaftspolitik erklären. Interessant ist das «gefühlte» Wohlbefinden. Auf die Frage, wann es Deutschland im 20. Jahrhundert am besten gegangen sei, antworten 1951 42 Prozent der Befragten: «Zwischen 1933 und 1939», 45 Prozent: «Vor 1914». Das Ergebnis verschob sich erst Ende der fünfziger Jahre zugunsten der Gegenwart.

55. Welchen «Migrationshintergrund» hatten die zwölf Millionen ausländischen Arbeiter/innen? Als Zwangsarbeiter werden heute jene ausländischen Arbeitskräfte bezeichnet, die als Zivilisten oder Kriegsgefangene zur Zwangsarbeit ins Deutsche Reich verschleppt worden waren. Ideologische und pragmatische Gründe führten dazu, Ausländer massenhaft als Arbeitskräfte ins Reich zu holen. Das ist auf den ersten Blick paradox: War doch in der nationalsozialistischen Rasseideologie alles «Fremdvölkische», das man vor allem in Osteuropa wähnte, Gift für die arische «Volksgemeinschaft». Doch der Krieg führte rasch zu einem Zielkonflikt. Je mehr Männer zur Wehrmacht einberufen wurden, desto weniger Arbeitskräfte standen in der Industrie und Landwirtschaft zur Verfügung. Das Regime hätte daher deutsche Frauen als Arbeitskräfte verpflichten müssen – und damit gegen einen anderen Grundsatz der NS-Ideologie verstoßen. Die Frau sollte am heimischen Herd stehen, nicht an der Werkbank. Bereits einen Monat nach Kriegsbeginn wurden 200 000 polnische Kriegsgefangene in der deutschen Landwirtschaft beschäftigt. 1940 wurden polnische Zivilisten ins Reich verschleppt, nachdem Anwerbeversuche erfolglos geblieben waren. «Polenerlasse» regelten ihre diskriminierende Behandlung. Auch aus den besetzten westeuropäischen Staaten wurden Männer und Frauen zunächst auf «freiwilliger» Basis beschäftigt, bis 1941/42 die allgemeine Arbeitspflicht eingeführt wurde. Die Repressalien nahmen im Kriegsverlauf zu. Ab 1943/44 wurden Arbeitskräfte in den Niederlanden und Belgien systematisch rekrutiert und schließlich deportiert.

Nach dem Überfall auf die Sowjetunion wurden schließlich 3 bis 4 Millionen sowjetische Kriegsgefangene und Zivilisten zum «Arbeitseinsatz» ins Deutsche Reich verschleppt, nachdem Anwerbungen auch hier nicht den gewünschten Erfolg gebracht hatten. Wehrmacht und Zivilverwaltung kooperierten mit dem «Generalbevollmächtigten für den Arbeitseinsatz» Fritz Sauckel. Im Reich übernahmen die Arbeitsämter die Verteilung. Heute weiß man: Nicht nur die Industrie, auch die Privatwirtschaft profitierte von den billigen Arbeitskräften. Die osteuropäischen Zwangsarbeiter, als «slawische Untermenschen» stigmatisiert, standen auf der niedrigsten Stufe und wurden durch spezielle «Ostarbeitererlasse» von 1942 auch so eingeordnet. Mit Verachtung begegneten viele Deutsche schließlich den IMI, den italienischen Militärinternierten. Nach dem Sturz Mussolinis im Juli 1943 ließ Hitler das italienische Heer entwaffnen, setzte die 120 000 im Reich befindlichen Italiener fest und nannte sie IMI – nicht: Kriegsgefangene –, um sie in der Rüstungsindustrie arbeiten zu lassen. Ab 1944 schließlich, als der Kriegsverlauf die Zugriffsmöglichkeiten des NS-Regimes verschlechterte und der Arbeitskräftebedarf der Kriegswirtschaft in die Höhe schnellte, wurden auch 1,5 Millionen KZ-Häftlinge zur Zwangsarbeit in der Privatindustrie herangezogen. Unter den Augen der SS schufteten sie nicht zuletzt in Rüstungsfabriken unter so unmenschlichen Bedingungen, dass ihnen kaum eine Überlebenschance blieb. Ihr Tod war eingeplant. Grob gesagt, richteten sich die Behandlung der Zwangsarbeiter, ihre Lebens- und Arbeitsbedingungen nach ihrem rasseideologischen Stellenwert. Französische, belgische und niederländische Arbeiter hatten da Glück im Unglück, die Polen und die Sowjetbürger standen am unteren Ende der Skala. Hunger, mangelnde Hygiene und die ständige Gefahr, in ein KZ eingewiesen oder hingerichtet zu werden, bestimmten den Alltag der sowjetischen Arbeiter im Reich.

7500 Euro bekommt der ehemalige KZ-Häftling; 2500 Euro erhält, wer deportiert worden war und unter besonders schlechten Arbeitsbedingungen in der Industrie zu leiden hatte – sofern er überlebt hat und einen Anspruch geltend machen kann. 10 Mrd. DM stellten die Bundesregierung und die Stiftungsinitiative der deutschen Wirtschaft im Jahr 2000 als Schadensersatz für erzwungene Arbeitsleistungen während des Zweiten Weltkriegs bereit. Sammelklagen amerikanischer Anwälte gegen deutsche Unternehmen hatten den Stein ins Rollen gebracht. 55 Jahre nach Kriegsende wurden die ehemaligen Zwangsarbeiter als Opfer nationalsozialistischen Unrechts anerkannt, als in Berlin das Abkommen über ihre Entschädigung unterzeichnet wurde. Der größte Teil der finanziellen Entschädigung geht nach Polen und in die Nachfolgestaaten der UdSSR, wo die meisten Opfer zu Hause waren. Insgesamt befanden sich zwischen 1939 und 1945 rund 11–12 Millionen Zwangsarbeiter und Zwangsarbeiterinnen aus 20 Ländern im Deutschen Reich. Ihre Bedeutung für die Kriegswirtschaft war enorm: Ausländische Zivilarbeiter und Kriegsgefangene stellten 1944 rund ein Viertel der Beschäftigten im Reich. Ohne die ausländischen Arbeitskräfte, schätzen Experten, hätte Deutschland den Krieg im Sommer 1943 verloren.

56. Was tun, wenn die Sirenen heulten? Bis 1990 diente ein flächendeckendes Netz von 80 000 tellerförmigen Sirenen auf den Dächern westdeutscher Schulen und Behörden dazu, die Bevölkerung bei einem Großbrand, bei Hochwasser, Sturmflut oder einem Störfall in einem Atomkraftwerk zu alarmieren. Auch als Warnruf für einen militärischen Luftangriff waren die nervtötenden, auf- und abschwellenden Dauertöne gedacht, wie im Krieg. Doch längst musste niemand mehr in den nächsten Luftschutzkeller hasten und um sein Leben fürchten.

Schon in den dreißiger Jahren war klar, dass Luftangriffe in einem künftigen Krieg auch die Zivilbevölkerung gefährden würden und dem Luftschutz daher eine wichtige Rolle zufiel. Bereits am 29. April 1933 wurde daher der Reichsluftschutzbund gegründet, der dem Luftfahrtministerium unter Hermann Göring unterstand. Hier lernten die Luftschutzwarte, wie sie die Bewohner eines Hauses oder Häuserblockes anzuleiten hatten. Ab 1935 gab es eine Luftschutzpflicht. «Luftschutz tut not» lautete der Slogan. Alle Deutschen sollten wissen, was sie bei Fliegeralarm zu tun hatten, wie Räume zu verdunkeln, Brände zu bekämpfen und Trümmer zu räumen waren. Doch den massiven Flächenbombardements, der Kombination von Spreng- und Brandbomben, war mit Löschsand, Handspritzpumpe und «Volksgasmaske» nicht beizukommen. Die Feuerstürme ließen den Bewohnern, die sich in ihren Luftschutzkeller geflüchtet hatten, oft keine Chance. Sie erstickten oder verbrannten. Neben den auch zu zivilen Zwecken genutzten Luftschutzräumen existierten öffentliche Bunkeranlagen, die in den gefährdeten Städten ab 1940 speziell für den Schutz vor Luftangriffen konstruiert worden waren. Zum einen gab es unterirdische Bunkeranlagen, zum anderen massive Hochbunker, die auch als Flakturm dienen konnten. Manche zierte ein übliches Hausdach zur Tarnung. Die bis zu 3,50 Meter dicken Stahlbetonwände machen die Anlagen zu steinernen Relikten des Krieges. Viele Versuche, die Anlagen zu sprengen, blieben vergebens. «Unkaputtbar» hätte eine Wortschöpfung der NS-Propaganda sein können. Im Kalten Krieg wurden zahlreiche Bunkeranlagen für den Zivilschutz modernisiert. Ehemalige Hochbunker gehören beispielsweise in Berlin, Hamburg und Bremen noch heute zum Stadtbild und wurden «umgenutzt». Aus dem Hamburger Hochbunker auf dem Heiligengeistfeld sendete der Nordwestdeutsche Rundfunk (NWDR) Ende 1950 Deutschlands erstes regelmäßiges Fernsehprogramm. Berliner besuchen das Museum der Gegenwartskunst im Berliner Hochbunker oder genießen den Rundblick vom Gefechtsturm im Humboldthain. Bunker als Belvedere: eine schöne Aussicht.

57. Warum lag das Himmelbett im Dunkeln, während sich die Wilde Sau nur bei Licht zeigte? An schlaflose Nächte ließ *dieses* Himmelbett denken, denn so nannte die Luftwaffe ihr System der dunklen Nachtjagd, bei dem die Piloten vom Boden aus per Sprechfunk durch Jägerleitoffiziere gelenkt und mit Hilfe von Funkmessgeräten Richtung Feind gesteuert wurden. Von Belgien bis zur Deutschen Bucht befanden sich seit 1941/42 Himmelbett-Stellungen. Die nach dem Luftwaffengeneral Josef Kammhuber benannte Kammhuber-Linie war ein unbequemes, 25 km tiefes Hindernis für die britischen Nachtbomber, die auf breiter Front einzeln ins Reichsgebiet flogen. Das «Himmelbett» nützte jedoch nicht mehr viel, als die Royal Air Force ab Frühjahr 1942 ihre Bomber hintereinander wie in einem Strom fliegen ließ, was ein flexibleres Verfahren erforderlich machte. Im Gegensatz zu der Jagd am dunklen Himmel sammelte die Luftwaffe bei der «Wilden Sau» – so lautete der Tarnname – vor allem die Jagdflugzeuge vom Typ Messerschmidt Bf 109 und, ab Mitte 1941, Focke-Wulf Fw 190 in dem Zielgebiet, das der Gegner durch Scheinwerfer, Markierungswürfe oder Brände hell erleuchtet hatte, um auf Sichtweite zu attackieren.

58. Was hat ein Feuersturm mit dem Grand Slam zu tun? Von Kollateralschäden sprechen die Militärs heutzutage, wenn ein Präzisionsangriff aus der Luft auch unbeteiligte Zivilisten oder wie in den neunziger Jahren in Belgrad die chinesische Botschaft trifft. Bedauerlich, gewiss, aber kaum zu vermeiden. Die Vorstellung, mit Flugzeugen die militärische Infrastruktur des Gegners lahmzulegen, ohne mit dessen Armee in Kontakt zu kommen, und so mit minimalen eigenen Verlusten maximale Wirkung zu erzielen, faszinierte bereits die Militärstrategen nach dem Ersten Weltkrieg. Schnelle Kriegsentscheidungen statt verlustreicher Stellungskämpfe: Diese Vision führte in den USA und Großbritannien zum Aufbau strategischer Bomberflotten. Die deutsche Luftwaffe dagegen diente vor allem dazu, das Heer durch Sturzkampfbomber, Jagdflugzeuge und gelegentliche taktische Luftangriffe wie auf Warschau und Rotterdam zu unterstützen. Von der Überlegenheit der modernen Waffen überzeugt, überschätzten die Strategen in den 1930er und 40er Jahren freilich die Möglichkeit, zwischen Rüstungsbetrieb und Zivilbevölkerung sauber zu trennen, zu verflochten waren die modernen Industriegesellschaften. Die Haager Friedenskonferenz von 1907 hatte Angriffe auf militärische Objekte auch im Hinterland der Front erlaubt. Nie ratifiziert wurden hingegen die Haager Luftkriegsregeln von 1923, die alle Bombardements untersagten, die allein dazu dienten, die Bevölkerung zu terrorisieren. In einer völkerrechtlichen Grauzone setzten Politiker daher auf Flächenbombardements. Der Beginn des strategischen Luftkriegs war auch ein Signal der auf sich allein gestellten Briten unter Winston Churchill, sich nicht geschlagen zu geben. Als Air Marshall Arthur Harris Anfang 1942 das Bomberkommando übernahm, war die Entscheidung bereits gefallen, einen Abnutzungskrieg gegen die deutsche Kriegsproduktion zu führen, Arbeiterviertel eingeschlossen. «Hat Deutschland geglaubt, es werde für die Untaten, die sein Vorsprung in der Barbarei ihm gestattete, niemals zu zahlen haben?», fragte der Schriftsteller Thomas Mann im britischen Rundfunk, nachdem seine Heimatstadt Lübeck Ende März 1942 zum Opfer des ersten Flächenangriffs der RAF geworden war. Das war der Auftakt zu einer fürchterlichen Dynamik wechselseitiger Luftangriffe, die im letzten Kriegsjahr noch einmal intensiviert wurden. Bis zum 1. Juli 1944 waren erst 28 Prozent aller Bomben abgeworfen worden, die bis Kriegsende fielen. Allein im Sommer 1944 starben bei Luftangriffen auf deutsche Städte rund 135 000 Zivilisten. 1944/45 gab es schließlich auch Präzisionsangriffe gegen große Brücken, U-Boot-Bunker oder ähnlich massive Bauten. Die Spezialbombe namens Grand Slam (Großer Knall), die mit knapp 8 m Länge größte Fliegerbombe, zerstörte beispielsweise am 14. März 1945 das Eisenbahnviadukt zwischen Bielefeld und Herford.

Der Angriff auf den Verkehrsknotenpunkt Dresden am 13./14. Februar 1945 stellt den traurigen Höhepunkt der alliierten Flächenbombardements dar. 243 britische Lancaster-Bomber griffen nachts die Stadt an, 529 Flugzeuge folgten. Die Dresdener und die vielen Flüchtlinge hatten keine Chance, das Luftwarnsystem war ausgefallen. Zwei Tagesangriffe der Amerikaner folgten kurz darauf. Die

Bombardierung Dresdens zeigt in besonders krasser Form, wie die «Terrorangriffe» (NS-Jargon) funktionierten. Die ungeheure Zerstörungskraft ging auf die Kombination von Spreng- und Brandbomben zurück. Die Sprengbomben zerstörten die Energie- und Wasserversorgung, die Zufahrtswege und die Dächer der Wohngebäude. Die Brandbomben ließen dann die alten Wohnhäuser in Flammen aufgehen. In den dicht bebauten Altstädten entwickelte der so entstandene Flächenbrand durch den Verbrauch von Sauerstoff einen gewaltigen Luftsog, den «Feuersturm», der für weitere Brände in der barocken Elbmetropole sorgte. Am Ende war in kürzester Zeit ein ganzes Stadtgebiet in Flammen aufgegangen. An Löschen war wegen der zerstörten Infrastruktur ohnehin nicht zu denken, von Chaos und Panik zu schweigen. Die Luftschutzkeller wurden zu tödlichen Fallen, wo die Menschen erstickten oder verbrannten. Damit sich keine Seuchen ausbreiteten, wurden die Leichen von rund 7000 Bombenopfern auf dem Dresdener Altmarkt aufgeschichtet und verbrannt. Anderen bot das Durcheinander einen Ausweg. Der jüdische Romanist Victor Klemperer und seine Frau flohen aus der Stadt Richtung Westen. Erst nach Tagen begann der Interministerielle Luftkriegsschäden-Ausschuss (ILA) die Rettungsmaßnahmen zu koordinieren. Über die Zahl der Bombenopfer herrschte lange Unklarheit. Rund 25 000 Tote hatte der Höhere SS- und Polizeiführer Elbe nach Berlin gemeldet, doch die NS-Propaganda hatte einfach eine Null drangehängt, um gegen die «Terrorangriffe» Stimmung zu machen. Auch nach Kriegsende war noch von 250 000 bis zu einer halbe Million Toten die Rede. Das SED-Regime, das regelmäßig an die Vernichtungspolitik der «Angloamerikaner» erinnerte, ging von 35 000 aus. Doch mit Spekulationen über die Opferzahlen ist es jetzt vorbei. Eine 2004 eingesetzte Expertenkommission hat penibel nachgezählt. 18 000 Tote konnten die Historiker «personengenau» nachweisen; die Dunkelziffer der nicht registrierten Toten schätzen sie auf 7000. Auch eine andere Mär ist wohl vom Tisch. Dafür, dass Tiefflieger in den Elbauen Flüchtlinge gejagt hätten, ließen sich keine Beweise finden.

Waren Flächenbombardements wie der Luftangriff auf Dresden Kriegsverbrechen? Auch darüber wurde in den vergangenen Jahren gestritten. Zum einen: Dresden war im Februar 1945 die letzte unbeschädigte Garnisonsstadt hinter der Ostfront mit einer vergleichsweise hohen Truppenstärke; dass sie wie Breslau zur Festung erklärt würde, war nicht auszuschließen. Das Ziel der Bombardierung war die rasche Beendigung des Krieges, «niemals ging es um Terror als Selbstzweck, auch wenn die Folgen zweifellos schrecklich waren», meint ein britischer Historiker. Tatsächlich begünstigten die Luftangriffe das rasche Vorrücken der Alliierten im Reichsgebiet, was allen blutige Bodenkämpfe ersparte. Und es war Hitler, der den Kampf bis zum «Endsieg» erbarmungslos fortführen ließ. Zum anderen: Es gab ein Bewusstsein für die Unrechtmäßigkeit, davon zeugt nicht zuletzt die Debatte in Großbritannien selbst. Am Ende war die Verhältnismäßigkeit sicher nicht mehr gewahrt. Längst hatte man erkannt, dass die Strategie nicht aufging, die Deutschen durch die Wucht der Angriffe von der Sinnlosigkeit des Widerstandes zu überzeugen.

59. Zogen auch junge Frauen die Uniform an? Die Geschichte der Wehrmacht ist männlich, hier kämpften keine Frauen – oder doch? Sicher, weibliche Soldaten gab es nicht, das hätte den Geschlechterrollen in der NS-Ideologie zu sehr widersprochen. Doch wer weiß noch, dass rund eine halbe Million Frauen als «Wehrmachthelferinnen» dienstverpflichtet war oder sich freiwillig gemeldet hatte? Auch wenn sie selbst nicht mit der Waffe in der Hand kämpften, nahmen sie doch als Zivilangestellte der Wehrmacht wichtige militärische Funktionen war und machten so Soldaten für die Front frei. «Hilf siegen als Luftnachrichtenhelferin» warb beispielsweise ein Plakat für Frauenpower im Militär, das eine strahlende junge Frau in Uniform zeigte. Ob bei der Luftwaffe, bei der Marine oder beim Heer, auf das weibliche Hilfspersonal warteten ganz unterschiedliche Aufgaben als Fernschreiberin, Telefonistin, Funkerin, Stabs-, Marine-, Luftwaffen-, Schwestern- oder Flakhelferin. 1943/44 sah die Verteilung der Blitzmädchen – an Kragen und Ärmel der Uniform prangte ein Blitz-Symbol – so aus: 300 000 arbeiteten im Ersatzheer, fast die Hälfte war dienstverpflichtet. Mehr als 20 000 Helferinnen dienten beim Feldheer, darunter 8000 als Nachrichten- und 12 500 als Stabshelferinnen. Als Flakhelferinnen oder im Flugmeldedienst der Luftwaffe arbeiteten bis Kriegsende rund 130 000 Blitzmädchen. Ende 1944 war ein eigenes Wehrmachthelferinnenkorps gebildet worden. Wie ihre männlichen Kameraden wurden auch die Frauen vereidigt. Sie lernten exerzieren und eine Waffe zu handhaben.

Die jungen Frauen sahen den Dienst in der Wehrmacht oftmals als Chance, aus dem eintönigen Leben in der Provinz auszubrechen und die große weite Welt kennen zu lernen. Beim Heer in Paris statt zu

Hause in Pommern, das hatte doch etwas! So erinnert sich Gerda R.: «Ja, die Uniform bei der Wehrmacht sah gut aus und erst mit dem Schiffchen! Und mit dem Blitz, das gefiel mir besonders. [...] Und ich hab' gedacht, das wär schon was! [...] Und dann erhielt ich doch tatsächlich den Befehl. Ich hatte die Möglichkeit, Funkerin, Telefonistin oder Fernschreiberin bei der Wehrmacht zu werden.» Sie räumte ein: «Ja, richtig, es war Krieg, aber der stand ganz im Hintergrund. Da war mehr dieses Abenteuer, das mich lockte.» Die junge Ostpreußin wurde zunächst nach Berlin, dann nach Belgrad geschickt. Doch der Auslandseinsatz als Wehrmachthelferin war mehr als nur ein willkommener Tapetenwechsel. Frauen erhielten Einblicke in die Arbeitswelt, wobei die Wehrmacht attraktiver erschien als der ebenfalls mögliche Einsatz in der heimischen Rüstungsindustrie. Zudem konnten die deutschen Frauen als Vertreterinnen der Besatzungsmacht auch eine gewisse Macht ausüben. Viele weibliche Twens fühlten sich stolz, dem Vaterland zu dienen und zum Endsieg beizutragen, auch wenn manche als «Offiziersmatratzen» diffamiert wurden. Manchmal wurde ein Blitzmädel Zeugin von Kriegsverbrechen. So erinnert sich die ehemalige Wehrmachthelferin Ilse Schmidt, wie ihr in ihrem Belgrader Büro unvermittelt Fotos in die Hände fielen, die das Erschießen von Partisanen minutiös dokumentierten.

Wie viele Frauen im Dienste der Wehrmacht ums Leben gekommen sind, ist nicht bekannt. Bei Kriegsende erlitt das «Wehrmachtgefolge» nicht selten das gleiche Schicksal wie die Soldaten. Auch die uniformierten Frauen gerieten in Kriegsgefangenschaft; sie wurden jedoch als Zivilinternierte in speziellen Frauenarbeitslagern zu Arbeit gegen Lohn gezwungen. Zu den Wehrmachtangehörigen, die nach 1945 aus sowjetischer Gefangenschaft zurückkehrten, gehörten daher auch so manche Heimkehrer*innen*.

60. Was verstand man im Krieg unter KLV? «Komm mit in die Kinderlandverschickung!» lockte ein Werbeplakat der Reichsjugendführung, auf dem sechs unbeschwerte Jungen und Mädchen dem Betrachter aus dem Fenster eines Zugabteils entgegenlachen. Am 3. Oktober 1940 ging's los. Rund 2,5 Millionen Kinder «verdankten» dem Krieg ihre erste Fernreise. In den meisten Fällen ging es aus der Großstadt aufs Land, in eines der insgesamt 9000 Lager. Als die Lebensbedingungen in den Städten durch die Bombenangriffe immer schwieriger wurden, schlug das NS-Regime zwei Fliegen mit einer

Klappe. Zum einen sollte die KLV (so lautete das Kürzel für das Wortungetüm) die Stadtkinder in Sicherheit bringen und ihnen auf dem Lande ein sorgenfreies, gesundes Leben fern der Kriegsschauplätze garantieren. «Vor allen Dingen [sollten] die Kinder aus Laubenkolonien und solchen Stadtteilen, die keine ausreichenden Luftschutzkeller besitzen, berücksichtigt werden», ordnete Reichsleiter Martin Bormann 1940 an. «Die Unterbringung erfolgt, soweit wie möglich, schul- bzw. klassenweise. Die Lehrkräfte der Heimatschulen werden zu einem erheblichen Teil bei der Unterbringungsaktion mit eingesetzt und sorgen für eine Aufnahme des Schulunterrichts in ausreichendem Maße in dem Unterbringungsort.» Die Organisation lag bei der Nationalsozialistischen Volkswohlfahrt (NSV) für die Dreibis Zehnjährigen und bei der Hitlerjugend (HJ) für die älteren Kinder; die Gauleiter waren für die Koordination verantwortlich. Die lokale Presse dürfe über die Ankunft berichten, aber es gab eine Sprachregelung: «Nach einer Anordnung des Führers ist jedoch hierbei nicht von einer Evakuierung, sondern lediglich von einer Landverschickung der Großstadtjugend zu sprechen.» Zum anderen bot sich dem totalitären Regime eine gute Möglichkeit, die für Monate, manchmal Jahre aus ihrem familiären Umfeld gerissenen Kinder im Sinne des Nationalsozialismus zu erziehen. In den Schullandheimen, Jugendherbergen und Zeltlagern ging es daher manchmal her wie auf dem Kasernenhof. Ganz nebenbei hatten dank KLV mehr Mütter mehr Zeit – um in der Rüstungsindustrie einzuspringen, wo es aufgrund der steigenden Verluste der Wehrmacht an Arbeitskräften mangelte. Die Nationalsozialisten griffen im Krieg auf die Erfahrungen der Sozialfürsorge zurück, Stadtkinder zur Erholung aufs Land zu schicken; von Kinderlandverschickung war bereits im 19. Jahrhundert die Rede. Doch die Eltern ließen sich nicht ins Bockshorn jagen und ahnten bald, dass es sich hier um längerfristige Evakuierungsmaßnahmen handelte, die Schlimmes erwarten ließen. In den letzten Kriegsjahren wuchs daher der Widerwillen der Mütter, ihre Kinder aus den Händen zu geben und zu riskieren, dass sie sich den Eltern entfremdeten. Der Kosten-Leistungsvergleich fällt daher nicht eindeutig aus. Einerseits gelang es dem Regime nicht, die Bevölkerung für diese Luftschutzmaßnahme zu gewinnen; andererseits erhöhte die KLV die Zahl der überlebenden Kinder und ersparte ihnen die Traumata der Luftangriffe.

61. Wie ging im Krieg die Post ab? Das Problem der Post im Krieg war nicht, wie man am besten kommunizierte, sondern ob überhaupt Kontakt gehalten werden konnte. Trotz der enormen logistischen Herausforderungen, des ständigen Ortswechsels der Soldaten, des Zwangs zur Geheimhaltung und der Zensur konnten sich die Volksgenossen auf ihre Feldpost fast bis zum Schluss verlassen. Und sie nutzten sie ausgiebig. Rund 30 bis 40 Milliarden Feldpostsendungen gingen während des Kriegs zwischen Front und Heimat wie auch innerhalb der Wehrmacht hin und her, den Dienstverkehr der Wehrmacht eingerechnet. Etwa 12 000 Feldpostbedienstete sorgten in 400 Feldpostämtern dafür, dass Postkarten, Briefe und Zeitungen ohne Freimachung durch Postwertzeichen mit dem Vermerk «Feldpost» versehen und im «Großdeutschen Reich» verschickt wurden. «Liebesgaben» konnten gebührenfrei an die Wehrmacht geschickt werden, und auch für Buchspenden musste man kein Porto bezahlen. Für 1 Pfennig konnte man am Schalter zwei Feldpostkarten preisgünstig erwerben. Der Postverkehr der Wehrmacht gründete auf der Postvorschrift für die Reichswehr vom 18. Dezember 1930. Ein Charakteristikum des Feldpostwesens sind die fünfstelligen Feldpostnummern zur Beförderung. Auf der Grundlage des Systems von 1914/18 ergaben sich die Nummern, die durch geheime, immer wieder aktualisierte «Feldpostübersichten» dekodiert wurden, in der Regel aus dem Aufstellungs- und Mobilmachungsplan. Das OKH wies die Feldpostnummern den Einheiten ohne jedes System zu. So gab es nichts zu entschlüsseln, falls die Post dem Gegner in die Hände geriet. Die Feldpostnummer einer Einheit blieb während des ganzen Kriegs dieselbe, selbst wenn diese in ein neues Einsatzgebiet verlegt wurde oder sich das Unterstellungsverhältnis änderte. Dagegen erhielt der einzelne Soldat jedes Mal eine neue Nummer, wenn er zu einer anderen Einheit versetzt wurde. Ein erster Probelauf des Feldpostverkehrs hatte im September 1937 während eines großen Manövers in Mecklenburg und Pommern stattgefunden.

All das hatte natürlich nichts mit Service-Mentalität zu tun. Vielmehr sollte der gute Kontakt zwischen den Soldaten und ihren Angehörigen die Moral stärken. Die Wehrmachtführung maß diesem Postverkehr eine hohe Bedeutung für die Kriegführung bei: «Der größte Aufmarsch im Kriege», hieß es in dem Frontblättchen *Mitteilungen für die Truppe*, «geschieht durch die Heersäulen von Briefen, die Tag und Nacht von der Front zur Heimat reisen und von der Heimat wieder an die Front.» Die Auslieferung konnte sich durch Probleme beim Transport oder Nachschubverkehr verzögern, bei Postsperren vor größeren Operationen und in der zweiten Kriegshälfte aufgrund der schlechten militärischen Lage, des Zusammenbrechens der Fronten. Wenn sonst keine Gelegenheit bestand, Post in die Heimat zu schicken und zu bekommen, konnten Soldaten Kameraden, die Urlaub erhielten, ihre Post mitgeben, oder Zivilisten, bei denen sie auf dem Rückzug einquartiert waren, bitten, per Reichspost die Angehörigen zu informieren.

Sosehr die Post auch dem privaten Austausch von Informationen zwischen dem militärischen und zivilen Teil der Bevölkerung dienen sollte: Nicht alles durfte mitgeteilt werden. Manches war militärisch geheim, anderes hätte die Stimmung getrübt. Die Feldpost unterlag deshalb der vom Amt Ausland Abwehr III organisierten Briefzensur, die den Inhalt kontrollierte und auf diese Weise zugleich geheime Meinungsforschung betrieb. Die Prüfung der Post erfolgte stichprobenartig bei den Feldpostprüfstellen, die zumeist bei den Armeeoberkommandos und Heeresgruppen angesiedelt waren und von Abwehroffizieren geleitet wurden. Die Geheime Feldpolizei (GFP) der Wehrmacht unterstützte die Kontrolle der Feldpost ebenso wie sie auch die Briefe der Kriegsgefangenen überwachte. Der Leiter der Feldpostprüfstellen vermittelte dem Abwehroffizier durch monatliche Berichte ein genaues Stimmungsbild der Truppe. Die Zensur erfolgte nicht im Geheimen. Im Gegenteil sollten Empfänger und Absender durchaus erfahren, dass ihre Korrespondenz kontrolliert worden war – und jederzeit wieder kontrolliert werden konnte. Die so genannte offene Zensur zielte bis zuletzt auf Abschreckung. Briefe trugen gegebenenfalls den Stempel «Geöffnet – Feldpostprüfstelle», Karten den Stempel «Geprüft – Feldpostprüfstelle».

Angesichts des Kriegsverlaufs, der das Reich in einen Zweifrontenkrieg brachte, mussten Poststellen stets aufs Neue geräumt und verlegt werden. Zahlreiche Einrichtungen der Reichspost und ihres militärischen Zweiges gingen in den letzten Kriegswochen im Osten wie im Westen verloren. Gleichzeitig wurde der Feldpostverkehr etwa mit der eingeschlossenen Heeresgruppe Nord, wo es weiterhin genügend Feldpostämter gab, mit Versorgungsmaschinen der Luftwaffe so gut es ging aufrechterhalten. Anfang März 1945 wurde der Transportraum knapp, doch noch immer verließ Post von Wehrmachtangehörigen Ostpreußen Richtung Westen: auf speziell vorgedruckten Karten und

Faltbriefen mit der Überschrift «OSTPREUSSEN-FELDPOST» und dem Zusatz «Diese Karte wird bevorzugt befördert». Zusätzlich waren die Parole «Tapfer und treu!» und ein Ausspruch Hitlers aufgedruckt. Damit «der Anfall an Postsendungen dem Eisenbahnbeförderungsraum angepaßt» werden kann, beschränkte das Ministerium in einer der letzten Verfügungen zur Aufrechterhaltung des Postverkehrs den Fernpostdienst auf «gewöhnliche Postkarten und gewöhnliche Briefe bis 20 g von und an jedermann».

Seit 1982 ist die deutsche «Feldpost» wieder da und trotz Internet und Telefon unter den Soldaten beliebt. Zum Inlandstarif geht der Brief per bundeswehreigener Post in Einsatzgebiete mit der «Postleitzahl» KOS, AFG oder UZB.

62. Was lief im Kino? Heinz Rühmann, Theo Lingen, Hans Albers; Zarah Leander, Marika Rökk, Ilse Werner: All diese «Stars», die späteren Generationen erst durch das Fernsehen bekannt wurden, machten bereits in den dreißiger und frühen vierziger Jahren Karriere. Nur nannte man sie damals noch nicht so. Als Volksschauspieler/innen in harmlosen Unterhaltungsfilmen sollten sie das Volk vom kriegsbedingten Ernst der Lage ablenken. Zum Unterhaltungskino zählten die folgenden Filme: 1939 «Bel Ami» (Regie Willi Forst), 1940 «Der Postmeister» (Gustav Ucicky) und «Wunschkonzert» (Eduard von Borsody), 1941 «Quax, der Bruchpilot» (Kurt Hoffmann), 1942 «Wiener Blut» (Willi Forst), 1943 «Die Abenteuer des Barons Münchhausen» (nach dem Buch von Erich Kästner) und 1944 «Große Freiheit Nr. 7» (Helmut Käutner). Als Blockbuster entpuppte sich 1942 der UFA-Film «Die große Liebe», den mehr als 25 Millionen Menschen sahen. Zarah Leanders im Film gesungenes Lied «Ich weiß, es wird einmal ein Wunder geschehen» wurde einer der größten Hits des Krieges. Zu den weiblichen Filmstars gehörte Ilse Werner, die in dem Unterhaltungsfilm «Wunschkonzert» ganz groß herauskam. Bis heute populär – und aus dem Kino-Kalender vieler Universitäten nicht wegzudenken – ist schließlich «Die Feuerzangenbowle» (Helmut Weiss), die ebenfalls 1944 auf die Leinwand kam. Neben den mehr oder weniger anspruchsvollen Filmen wurden auch antisemitische Propagandafilme gezeigt, darunter der 1940 im Ghetto von Łódź gedrehte «Dokumentarfilm» «Der ewige Jude» sowie der ebenfalls 1940 von Veit Harlan gedrehte Spielfilm «Jud Süß» mit Heinrich George und Kristina Söderbaum in den Hauptrollen. Nationalismus und Opferbereitschaft sollte das Heldenepos «Der große König» (Friedrich II. von Preußen) propagieren, den Harlan 1941 produzierte. Durchhalteparolen vermittelte sein letzter NS-Film, die bis dahin teuerste deutsche Filmproduktion: «Kolberg», im Januar 1945 uraufgeführt, sollte wiederum anhand des historischen Beispiels die Bevölkerung zum Widerstand bis zum Letzten anstacheln.

63. Ließ sich herausfinden, was nicht im Wehrmachtbericht stand? Wer wissen wollte, was an den Fronten geschah, hörte den Wehrmachtbericht. Vom 1. September 1939 bis zum 9. Mai 1945 lieferte der Großdeutsche Rundfunk in den Mittagsnachrichten das Neueste über die militärische Lage. In der Tageszeitung lies sich alles nachlesen. «Das Oberkommando der Wehrmacht gibt bekannt», lautete die Formel, der eine Zusammenfassung der jüngsten militärischen Ereignisse folgte, einschließlich der feindlichen Aktivitäten. «Sondermeldungen» kündeten darüber hinaus von Spitzenleistungen der Truppe. Allerdings war jedem klar, dass der Wehrmachtbericht nicht das Ergebnis eines kritischen Journalismus, sondern Teil der nationalsozialistischen Propaganda war, mit der die Volksgenossen für den Krieg mobilisiert werden sollten. Zuständig war denn auch die Abteilung Wehrmachtpropaganda im Oberkommando der Wehrmacht, die bis Anfang 1941 mit Goebbels' Propagandaministerium konkurrierte. Der Bericht war eine Mixtur von Militärjargon und Propagandasprache. Blieb der Ton bis Mai 1940 noch vorsichtig zurückhaltend, überschlugen sich in der Zeit der raschen militärischen Erfolge des Westfeldzugs bis Ende 1941 die Sondermeldungen. Bis zum Herbst 1942 ging es vor allem darum, die Rückschläge zu verbergen. Im letzten Kriegshalbjahr dann konnten die Wehrmachtberichte über die eigenen Verluste nicht mehr hinweggehen. Rhetorische Formeln wie «trotz des erbitterten Widerstands» oder «unter schwersten Verlusten für den Feind» konnten den Bericht über den eigenen Niedergang nur notdürftig abfedern. Je spärlicher die Nachrichten ausfielen, desto heftiger brodelte es in der Gerüchteküche.

Wer wissen wollte, was an den Fronten wirklich geschah, musste andere Informationsquellen nutzen. Zum einen konnten sich natürlich nicht nur Soldaten, sondern auch die Familien in der Heimat aufgrund der eigenen Erfahrungen ein Bild vom Geschehen machen. Aus der Intensität von Luftangriffen beispielsweise ließ sich auf die Schwäche der eigenen Luftabwehr schließen. Zum anderen ist der informelle Informationsfluss zwischen Front und Heimat nicht zu unterschätzen. Soldaten auf Urlaub, auf Dienstreise im Reich oder in Heimatlazaretten erzählten, wenn auch hinter vorgehaltener Hand. Nicht zuletzt die Millionen Feldpostbriefe und -karten sorgten trotz der Zensur für einen gewissen Austausch. So sprach sich schnell herum, dass der Krieg im Osten ein anderes Kaliber hatte als der im Westen. Schließlich lieferte der Gegner Informationen, die mit der NS-Propaganda konkurrierten: durch Tonnen abgeworfener Flugblätter und durch «Feindsender». Die wichtigste Quelle war die BBC, die staatliche britische Rundfunkgesellschaft British Broadcasting Corporation. Der Radiosender, bei dem im April 1945 knapp 11 500 Mitarbeiter angestellt waren, diente der britischen Regierung als Mittel der psychologischen Kriegführung. Durch die BBC sollten die Deutschen nicht nur über den Gang der militärischen Ereignisse auf dem Laufenden gehalten werden. Die BBC war auch ein Instrument zur Vermittlung demokratischer Werte. Beides sollte das Vertrauen in die eigene Informationspolitik, letztlich in die politische und militärische Führung erschüttern. Wie viele Deutsche heimlich am Volksempfänger die Frequenz der BBC eingestellt hatten, lässt sich nicht sagen. Bei dieser Informationsfülle darf eins nicht vergessen werden: Die Nachgeborenen kennen die damalige Zukunft und können daher im Rückblick die Informationen einordnen. Doch wie hätten sich die Zeitgenossen ohne diesen Wissensvorsprung sicher sein können, welche der teils unsicheren, teils widersprüchlichen Angaben dem tatsächlichen Verlauf entsprechen würden? Sicher ist, dass es dem Regime nicht gelungen ist, seine Sicht der Dinge vollständig durchzusetzen. Die geheimen Stimmungsberichte des Sicherheitsdienstes des Reichsführers-SS lassen erkennen, dass die meisten «Volksgenossen» spätestens ab August 1944 nicht mehr an einen «Endsieg» glaubten – wohl aber an den «Führer». Die Hoffnung auf Hitler starb zuletzt.

Ereignisse

64. Welche Katastrophe erlebten Kanadier? Es sollte nur ein Test sein und endete mit einem Desaster. Kein Ereignis des Krieges ist für die Kanadier so traumatisch wie der Angriff auf die französische Hafenstadt Dieppe am 19. August 1942. Deutsche Truppen hatten die Stadt 1940 besetzt, den Hafen ausgebaut und die Küste als Teil des Atlantikwalls befestigt. Den Alliierten sollte die Überquerung des Ärmelkanals, die Landung an der französischen Küste und der Frontalangriff auf die Stadt Gelegenheit bieten, Technik und Taktik der Landungstruppen zu testen. Unterstützt von britischen Schiffen und amerikanischen Flugzeugen, griffen rund 6000 Infanteristen der kanadischen 2. Division unter General John H. Roberts die Stadt frontal an. Doch mit so massiver Gegenwehr hatten sie nicht gerechnet, zumal deutsche Jäger und Jagdbomber rasch die Luftherrschaft erlangten. Als die Kanadier den Rückzug antraten, hatten sie keins ihrer Hauptziele erreicht. Weder hatten sie den Hafen in ihre Hand gebracht noch Gefangene gemacht noch die Küstenbefestigung zerstört. Während die deutsche Seite 48 Maschinen verlor und rund 600 gefallene oder verwundete Soldaten beklagte, hatten die Alliierten ungleich höhere Verluste. Fast 1000 Kanadier starben, rund 2000 gerieten in Kriegsgefangenschaft; die RAF musste 106 Flugzeuge abschreiben, die US Navy 33 Landungsfahrzeuge. «Operation Jubilee» endete mit Jammer statt Jubel. Eins immerhin war den Alliierten nach dem Fiasko des *Dieppe Raid* klar geworden: Das eigentliche Landungsunternehmen am Tag X musste viel präziser geplant werden. Der Erfolg der Landung an den Stränden der Normandie war denn auch die Voraussetzung dafür, dass der missratenen Aktion im Nachhinein ein tieferer Sinn zugeschrieben werden konnte: Ohne das «Opfer» von Dieppe wäre Europa nicht vom Nationalsozialismus befreit worden, heißt es.

65. Was passierte an *dem* Tag? Ein taktischer Überraschungserfolg gelang den Alliierten am 6. Juni 1944, am D-Day: die Landung an der französischen Kanalküste. Die deutschen Soldaten, die aus ihren Geschützstellungen den Horizont absuchten, werden ihren Augen nicht getraut haben. Eine Armada von mehr als 4000 Landungsbooten und 1000 Kriegsschiffen näherte sich im Morgengrauen der Normandie zwischen Cherbourg und Caen. Mehr als 11 000 Flugzeuge unterstützten das «Unternehmen Overlord» durch Luftlandeoperationen. Unter dem alliierten Kommando des US-Generals Dwight D. Eisenhower gelang es britischen, amerikanischen und kanadischen Soldaten, die deutschen Stellungen ohne größere Gegenangriffe zu überwinden und sich mit den Luftlandetruppen im französischen Hinterland zu verbinden, die den direkten Nachschubweg abschneiden sollten. Panzersperren, Minenfelder und die so genannten Rommelspargel – eingegrabene und mit Minen bestückte Baumstämme – nützten wenig, und auch die deutsche Kriegsmarine und die Luftwaffe hatten dem kaum etwas entgegenzusetzen. Über 150 000 alliierte Soldaten, nicht zu vergessen die polnischen und französischen Exiltruppen, fassten allein am 6. Juni auf dem Kontinent Fuß, rund 10 000 kamen zu Tode. Omaha Beach, Gold Beach, Juno Beach: Mit diesen Namen verbinden sich nicht karibische Traumstrände, sondern Landungsabschnitte, die für Soldaten im Sperrfeuer zum Albtraum wurden. Erst am Abend dämmerte der deutschen Führung, dass sie es nicht mit einem Ablenkungsmanöver, sondern mit der eigentlichen «Invasion» zu tun hatte.

Die kam nicht unerwartet. Im November 1943 hatte Hitler den Schwerpunkt der Kriegführung von der Ost- auf die Westfront verlegt, um eine alliierte Landung zu verhindern. Im Jahr zuvor hatte der Bau des «Atlantikwalls» begonnen, einer Kette militärischer Hindernisse, die nie jemanden hinderte. Auf der Gegenseite hatten sich Roosevelt und Churchill längst darauf verständigt, das Deutsche Reich militärisch niederzuringen; im Januar 1943 hatten sie in Casablanca die bedingungslose Kapitulation zu ihrem strategischen Ziel erklärt. Die Landung auf dem Kontinent spielte in diesen Überlegungen eine Schlüsselrolle. Bereits im Juli 1943 waren Truppen auf Sizilien, im September 1943 in Italien gelandet.

Wo lag die Bedeutung des D-Day? Das größte amphibische Landungsunternehmen in der Militärgeschichte hatte ein strategisches Ziel: den Aufbau der «zweiten Front», die Stalin von Roosevelt und Churchill zur Entlastung der Roten Armee lange gefordert hatte. Den Amerikanern gelang schließlich der Durchbruch. Bereits Ende August war Nord-Frankreich befreit; in Paris jubelten die Menschen am 25. August den Alliierten zu. Die Wehrmacht zog sich zum Teil fluchtartig zurück. Bis Anfang September landeten etwa 1 234 000 amerikanische und 825 000 Soldaten des Commonwealth. Erst 100 Kilometer vor der Reichsgrenze kam der alliierte Vormarsch im Herbst zum Stehen, als der Nachschub ausblieb. Die Wehrmacht verlor in diesen Kämpfen an der Westfront mehr als eine halbe Million Soldaten.

Doch all das war aus Sicht der NS-Führung nicht das Schlimmste. Im Osten hatte mittlerweile die Rote Armee damit begonnen, mit der Sommeroffensive gegen die Heeresgruppe Mitte die deutsche

Ostfront zu zerschlagen und Richtung Reichsgebiet vorzudringen. Hier liegt die eigentliche Bedeutung des D-Day: Vom Beginn des Zweifrontenkriegs führt ein direkter Weg zur Befreiung Europas von der NS-Herrschaft ein knappes Jahr später. Allerdings war die deutsche Niederlage zu dieser Zeit auf den osteuropäischen Schlachtfeldern durch die Rote Armee längst besiegelt worden. Darüber täuscht die stärkere Medienpräsenz des D-Day heute allzu leicht hinweg.

Die Landung bot Stoff für großes Kino. Den Jüngeren ist die nicht enden wollende drastische Eingangssequenz in Steven Spielbergs Kriegsfilm «Der Soldat James Ryan» (1998) im Gedächtnis, der das kriegerische Grauen aus der Sicht der GIs zeigt. Die Älteren haben die Schwarz-Weiß-Bilder der aufwendigen Hollywoodproduktion «Der längste Tag» (1962) im Kopf. Heute bilden die ehemaligen Brückenköpfe eine eindringliche Erinnerungslandschaft. Zu einem Besuch gehören etwa die Besichtigung des Museums von Caen, der Blick auf die gewaltigen Betonreste des künstlichen Hafens am Strand von Arromanche-les-Bains, schließlich der Gang über die Soldatenfriedhöfe.

PS: Nein, das «D» in «D-Day» steht höchstwahrscheinlich nicht für «decision» (Entscheidung), wie die einen vermuten, auch nicht für «disembarkation» (Landung), wie andere tippen. Die Bedeutung des Begriffs ist nicht zweifelsfrei geklärt. Fakt ist, dass die militärischen Handbücher der US-Soldaten bereits im Ersten Weltkrieg «D-Day» und «H-hour» als Kürzel für den Tag bzw. die Stunde einer militärischen Operation benutzten, wenn das exakte Datum geheim gehalten werden sollte oder noch gar nicht feststand. Wahrscheinlich wurde 1944 auf diese Formulierung zurückgegriffen. Heute ist *der* D-Day der bekannteste. *Jour J* nennen ihn die Franzosen, Tag T.

66. Wie kam es zum Showdown der Panzer bei Prochorowka?

Von Stalingrad hat man sicher gehört, von Kursk vielleicht, aber von Prochorowka? Legenden und Geschichtsfälschungen haben lange den Blick auf diese größte Landschlacht der Militärgeschichte verstellt. Nach dem Zusammenbruch der Sowjetunion und der Öffnung der Archive gibt es jetzt Klarheit. Zunächst die Fakten: Nahe der russischen Gebietshauptstadt Kursk fand im Juli 1943 die letzte Großoffensive der Wehrmacht an der Ostfront, zugleich der vorletzte operative Großangriff der Panzertruppe statt. Kursk war von Anfang

November 1941 bis zum 8. Februar 1943 von Deutschen besetzt gewesen, bevor die Rote Armee die Stadt im Laufe ihrer Winteroffensive 1942/43 zurückerobern konnte. Der Bogen um die Stadt bildete nach Westen einen so genannten Frontbalkon. Diesen Vorsprung der Frontlinie wollte Hitler im Juli 1943 durch eine Zangenbewegung von Norden und Süden eindrücken. Die Planungen des deutschen Generalstabs blieben der sowjetischen Seite jedoch nicht verborgen, und man bereitete sich auf eine Schlacht vor, was wiederum der deutschen Führung nicht entging. Dennoch fiel am 5. Juli 1943 der Startschuss für die «Operation Zitadelle», wie der Deckname lautete. Deutsche Panzer fuhren in ein mehrere Kilometer tiefes Gebiet, das durch Bunker, Schützengräben, Minenfelder und Panzerfallen präpariert war. Der entscheidende Durchbruch blieb aus; Hitler ließ die Offensive nach acht Tagen, am 13. Juli, abbrechen. Drei Tage vorher waren westalliierte Truppen auf Sizilien gelandet, so dass sich Deutschland nun in dem befürchteten Zweifrontenkrieg befand.

Das Schlachtengemälde der sowjetischen Veteranen und Militärhistoriker zeigt den Erfolg der Roten Armee in einer Entscheidungsschlacht, die nach Stalingrad den Niedergang der Wehrmacht besiegelt haben soll. Die Panzerschlacht bei Prochorowka, ein Teil der Schlacht bei Kursk, zeigt besonders deutlich, wie nicht zuletzt die sowjetische Geschichtsschreibung eigene Fehler und Verluste verschleiert hat. Angeblich wurden hier 400 deutsche Panzer zerstört. Heute weiß man, dass die deutsche Seite drei Panzer verlor, die sowjetische 235. Die Rote Armee hatte mit 3563 Gefallenen fast siebenmal so hohe Verluste zu verzeichnen wie die Wehrmacht (522). Sie musste nach dem Fiasko von Prochorowka weitere katastrophale Verluste hinnehmen. Mehr als 6000 Panzer verlor die Rote Armee im Sommer 1943, acht Mal so viel wie die Wehrmacht. Bis zur deutschen Grenze stieß sie anders als geplant nicht 1943, sondern erst ein Jahr später vor. Das Pendel der neuen Geschichte von Kursk schlägt nun in die Gegenrichtung aus. Die Wehrmacht habe, heißt es jetzt, der Roten Armee bei minimalen eigenen Verlusten eine taktische Niederlage beigebracht, die sich wegen des Zweifrontenkrieges nicht in einen operativen Erfolg ummünzen ließ. Fest steht, dass die Wehrmacht im Sommer 1943 die Initiative im Osten endgültig verloren und ihre materielle Überlegenheit eingebüßt hat. Von nun an befand sie sich auf dem Rückzug. *Insofern* führte das Panzerduell im Kursker Bogen zur Wende des Krieges. Das größte Panzerduell war auch das letzte.

Seitdem spielten Panzer nur noch im beweglichen Verteidigungsgefecht mit lokalen Gegenangriffen in gemischten Verbänden eine Rolle, sieht man von dem Strohfeuer der Ardennenschlacht 1944/45 ab.

67. Warum war der Monte Cassino 1944 kein guter Ort für ein Kloster? In Mittelitalien, auf dem Berg Monte Cassino, befindet sich das gleichnamige Benediktinerkloster, das auf eine Gründung im Jahre 529 zurückgeht. Bekannt ist diese mittelalterliche Sehenswürdigkeit heute vor allem, weil hier eine der relativ verlustreichsten Schlachten des Zweiten Weltkriegs tobte. Denn 1944 kam das Kloster in eine ganz schlechte Lage, im wörtlichen Sinn. Monte Cassino lag während des Rückzugs der Wehrmacht aus Italien auf der deutschen Verteidigungslinie, der «Gustav-Stellung», ohne indes von deutschen Truppen besetzt zu sein. Nachdem der Versuch der Alliierten, das Kloster zu erstürmen, misslungen war, zerstörten 229 Flugzeuge der US Air Force die Abtei bis auf die Grundmauern; rund 300 Mönche und Zivilpersonen, die sich in das Kloster geflüchtet hatten, starben. Deutsche Fallschirmtruppen setzten sich daraufhin in den Ruinen fest und wehrten drei weitere Angriffe der Alliierten ab, bevor sie Mitte Mai 1944 abzogen. Exilpolnische Einheiten rückten nach. Bei den Kämpfen am Monte Cassino kamen etwa 20 000 deutsche und 12 000 alliierte Soldaten ums Leben. Das Kloster wurde wieder aufgebaut und dient als internationale Begegnungs- und Gedenkstätte.

68. Was hat das Attentat auf Hitler am 20. Juli 1944 gebracht? Eigentlich war das Attentat auf Adolf Hitler witzlos. Selbst wenn es gelungen wäre, was hätte das genutzt? Die weiteren Aussichten eines Umsturzes waren doch düster. Die außenpolitische und militärische Lage war an allen Fronten so hoffnungslos, dass eine bedingungslose Kapitulation des Reiches so oder so nicht zu verhindern gewesen wäre. Schlimmer noch: Ein Waffenstillstand im Sommer 1944 hätte bedeutet, dass die Rote Armee Deutschland zum Großteil besetzt hätte, schließlich steckten die Westalliierten zu dieser Zeit noch in Nordfrankreich fest. Eine innenpolitische Flurbereinigung schien unwahrscheinlich. Die gewaltsame Beseitigung des «Führers» und seiner Satrapen hätte kaum zu einer Bestrafung der Täter und einer rechtsstaatlichen, womöglich demokratischen Entwicklung geführt. Die Attentäter liefen unter diesen Bedingungen sogar Gefahr, einer zweiten Dolchstoßlegende vorzuarbeiten. Ein erfolgreicher

Anschlag hätte zu einem weiteren, fatalen Satz im Konditional geführt: «Würde Hitler noch leben, hätte er doch noch den ‹Endsieg› herbeigeführt ...»

Warum also riskierten Männer wie Oberst Graf von Stauffenberg ihr Leben? Eine Begründung lieferte ein anderer Kopf des militärischen Widerstands, Henning von Tresckow. «Das Attentat muss erfolgen, coûte que coûte» [koste es, was es wolle]. Sollte es nicht gelingen, so muss trotzdem in Berlin gehandelt werden. Denn es kommt nicht mehr auf den praktischen Zweck an, sondern darauf, dass die deutsche Widerstandsbewegung vor der Welt und vor der Geschichte den entscheidenden Wurf gewagt hat. Alles andere daneben ist gleichgültig.» Unabhängig von seinem Scheitern lag in der Nachkriegszeit der Wert des Attentats darin, dass es aufgrund der Courage und Moral der Verschwörer von einem «anderen Deutschland» zeugte.

Das war geschehen: Nachdem ältere Pläne, Hitler durch einen Anschlag zu beseitigen, immer wieder gescheitert waren, kam es im Sommer 1944 zu jenem letzten Attentat, das mit dem Namen Stauffenberg eng verbunden ist. Der war Stabschef beim Befehlshaber des Ersatzheeres, Generaloberst Friedrich Fromm, und arbeitete im Berliner Bendlerblock. Von hier versuchte er, die verschiedenen Widerstandsgruppen zu vereinen und schließlich das Attentat selbst durchzuführen – eine schwierige Doppelrolle. Die offiziellen Pläne der Wehrmacht, einen möglichen Aufstand der Zwangsarbeiter im Reich durch das Ersatzheer niederzuschlagen (Tarnname «Walküre»), wollten die Verschwörer für ihre Ziele nutzen, damit die Wehrmacht die Gewalt übernehmen und die Führung von Staat, Partei, SS, SD und Gestapo festsetzen konnte. Am 20. Juli 1944 schaffte Stauffenberg es tatsächlich, mit einer Bombe in der Aktentasche in das Führerhauptquartier «Wolfsschanze» nahe dem ostpreußischen Rastenburg zu gelangen, die dann auch während einer Lagebesprechung in die Luft ging. Dass Hitler überlebte, musste Stauffenberg wenig später in Berlin erfahren, wo er den Umsturz weitertreiben wollte. Noch am selben Abend wurden er und weitere Mitverschwörer «standrechtlich» erschossen: General Friedrich Olbricht, Stauffenbergs Adjutant Oberleutnant Werner von Haeften, Oberst Albrecht Mertz von Quirnheim. Ludwig Beck, den die Attentäter als künftiges Staatsoberhaupt vorgesehen hatten, wurde ebenfalls ermordet, als sein Selbstmordversuch gescheitert war; von Tresckow nahm sich an der Ostfront das Leben. Etwa 200 weitere Menschen fielen in den folgenden Monaten der Unrechtsjustiz des Volksgerichtshofes zum Opfer, rund 7000 kamen ins Gefängnis.

Am Jahrestag des 20. Juli führt die Bundeswehr auf dem Gelände des Bendlerblocks ein öffentliches Gelöbnis des Wachbataillons durch. Sie unterstreicht mit der Wahl des Erinnerungsortes, dass sie die Widerständler den eigenen Soldaten als historisches Vorbild empfiehlt. Vor einiger Zeit war aber auch Kritik laut geworden. Waren einige Exponenten nicht selbst in Kriegsverbrechen verwickelt? Waren ihre Pläne für die Nachkriegszeit nicht undemokratisch? Kurz: Waren Stauffenberg & Co wirklich traditionswürdig? Dagegen wird argumentiert, dass erst die Kenntnis der Kriegsverbrechen die hohen Militärs allmählich in den Widerstand geführt habe, trotz ihres Eides auf Hitler. Sie als Vorreiter des Grundgesetzes zu vereinnahmen, wäre in der Tat Unsinn. Doch ihre Bereitschaft, sich unter Einsatz ihres Lebens gegen die Diktatur aufzulehnen, hat ohne Zweifel einen hohen moralischen Wert. In seiner Rede in der Berliner Gedenkstätte Plötzensee, wo Angehörige des Widerstandes hingerichtet worden waren, formulierte der Bundeswirtschaftsminister Karl-Theodor zu Guttenberg, der noch im selben Jahr Verteidigungsminister wurde, es 2009 so: «Tatsächliche Vorbilder für verantwortungsvolles Handeln entspringen [...] nicht der Erkenntnis von Übermenschlichkeit, sondern im Ergebnis ist es gerade das Menschliche, was die Taten groß, auch heldenhaft erscheinen lässt.» Aufregung über die Rezeption gab es kurz zuvor auf anderem Gebiet: Was war davon zu halten, dass just der Schauspieler und Scientologe Tom Cruise in einem Hollywoodfilm über den Staatsstreich Stauffenberg spielte, und das an einem Originalschauplatz? Immerhin: Zwei Filmsets aus «Walküre», darunter die Besprechungsbaracke im Führerhauptquartier, sind im Militärhistorischen Museum in Dresden zu besichtigen – eine doppelte Inszenierung der Vergangenheit.

69. Wer wagte den Aufstand in Warschau und wer den Warschauer Aufstand? Von *zwei* Aufständen ist zu reden, wenn es um das Schicksal der polnischen Hauptstadt im Zweiten Weltkrieg geht. Warschau (1,3 Millionen Einwohner) war Ende September 1939 von den Deutschen besetzt worden, nach verheerenden Luftangriffen. Wenig später trieben sie etwa 400 000 Juden in einem Ghetto zusammen, wo viele wegen der miserablen Lebensbedingungen elendig zugrunde gingen. Bis Oktober 1942 wurden rund 300 000 von hier aus in die Vernichtungslager deportiert. Nachdem die SS im Frühjahr 1943 beschlossen hatte, das Ghetto endgültig zu räumen, kam es am 19. April 1944 zum Aufstand jüdischer Widerstandskämpfer. Obwohl sie kaum bewaffnet waren, konnten sie sich einen Monat lang zur Wehr setzen. Schließlich fackelte die SS ganze Häuserblocks ab und flutete die unterirdischen Kanäle. Der Brigadeführer der SS-Einheiten Jürgen Stroop meldete die Vernichtung von «56 065 Stück Juden» – und wurde befördert (und am 8. September 1951 in Warschau hingerichtet).

Mit einem Aufstand anderer Art bekam es die deutsche Besatzungsmacht im August 1944 zu tun. Weil die Rote Armee der Stadt immer näher rückte, gelangten Angehörige der polnischen Heimatarmee zu der Überzeugung, dass die Zeit für einen Gegenschlag gekommen sei. Sie hofften auf die Unterstützung der Rotarmisten, wollten die Befreiung der Stadt aber nicht der UdSSR überlassen. Doch die Hoffnung auf die Sowjets, die seit dem 14. September die Vorstadt Praga erreicht hatten, hatte getrogen: sie griffen nicht ein. Der Aufstand von zuletzt 36 000 Polen gegen die 9. Armee, die Polizei und SS brach am 2. Oktober 1944 zusammen. Rund 15 000 polnische Soldaten waren gefallen. Den etwa 17 000 Gefangenen, schließlich auch den 2000 bis 3000 Frauen unter den Aufständischen, wurde der Kombattantenstatus zugestanden, so dass sie als Kriegsgefangene unter dem Schutz des Kriegsvölkerrechts standen. Dagegen wurden etwa 100 000 Warschauer als Zwangsarbeiter ins Reich deportiert; mehr als 60 000 Polen wurden in Konzentrationslager verschleppt. Die Stadt wurde großenteils verwüstet.

Wer heute durch die Gassen der neuen Altstadt geht, den lässt die Perfektion der wieder aufgebauten Häuser und Kirchen ihre Künstlichkeit ahnen. An einer frisch geweißten Kirchenwand bildet ein schwarzes, halb verbranntes Kreuz einen bedrückenden Kontrast. Mahnmale erinnern an die beiden unterschiedlichen Aufstände, die als Symbole für die kämpferische Haltung der Juden bzw. der polnischen Widerstandskämpfer gelten.

Doch das Gedenken birgt jede Menge politischen Sprengstoff und wird parteipolitisch instrumentalisiert. In den Jahrzehnten des Kommunismus wurde die Erinnerung an den Warschauer Aufstand unterdrückt. Das Regime hatte kein Interesse an einer öffentlichen Diskussion über die Rolle der Rote Armee. Erst nach dem Niedergang der UdSSR hat der Aufstand in einem Maße an Bedeutung gewonnen, dass er mittlerweile zu einem Gründungsmythos der Republik Polen geworden ist. Am 1. August 2009, Punkt 17 Uhr, heulten in Polen die Sirenen, und das Land hielt für eine Minute inne.

70. Kapitulierte die Wehrmacht am 7., 8. oder 9. Mai 1945? «Am 8. Mai in Berlin», lautet die naheliegende Antwort, schließlich markiert das Datum das offizielle Kriegsende ganz offiziell. Ganz so einfach liegen die Dinge allerdings nicht, sonst gäbe es kein Kapitulationsmuseum in Reims und sonst würden die Russen das Ende ihres Großen Vaterländischen Krieges nicht erst am 9. Mai feiern. Hartnäckig halten sich falsche Informationen über den Akt der Kapitulation. Der ideologische Gegensatz von Ost und West hat auch in diesem Fall zu Verzerrungen der historischen Wirklichkeit geführt. Der Reihe nach: Dass die Deutschen nicht nur militärisch, sondern auch politisch aufgeben, das heißt: bedingungslos kapitulieren sollten, darauf hatten sich der amerikanische Präsident Roosevelt und der britische Premierminister Churchill bereits Anfang 1943 in Casablanca geeinigt; Stalin hatte nichts dagegen. Anders als im Fall Italiens, Rumäniens oder Bulgariens etwa sollte Deutschland seine staatliche Souveränität verlieren. Einzelne Einheiten der Wehrmacht streckten vor der Gesamtkapitulation ihre Waffen: die Heeresgruppe C in Oberitalien am 2. Mai, die Besatzungstruppen in Nordwestdeutschland, Dänemark und Westholland am 5. Mai, die Heeresgruppe G in Süddeutschland und Österreich am 6. Mai. Einen Tag später, am 7. Mai, unterzeichnete der Chef des Wehrmachtführungsstabes Generaloberst Jodl in Reims, wo sich General Eisenhowers Hauptquartier befand, die bedingungslose Kapitulation der Wehrmacht, die am folgenden Tag in Kraft trat. Erst am 23. Mai 1945 jedoch verhafteten die Alliierten Hitlers Nachfolgeregierung, die die Alliierten ohnehin nicht ernstgenommen hatten.

Einer ersten Legende zufolge hat die Wehrmacht am 7. Mai in Reims, dem Hauptquartier der «Alliierten Expeditionsstreitkräfte», also der britischen und US-Streitkräfte, vor den Westalliierten und am 8. Mai in Karlshorst vor den sowjetischen Streitkräften kapituliert. Richtig ist, dass beide Kapitulationen vor den Vertretern aller drei Alliierter erfolgten; Franzosen waren an beiden Terminen als Zeugen dabei. Eine zweite Legende besagt, dass es am 8./9. Mai zu einem zweiten Kapitulationsakt in Berlin-Karlshorst deshalb gekommen sei, weil Stalin sauer gewesen wäre, wenn die Wehrmacht nicht auch im sowjetisch besetzten Gebiet kapituliert hätte. Sicher, die Unterzeichnung in Karlshorst war gut für die PR und das Misstrauen des sowjetischen Diktators. Allerdings hatte in Reims nur ein ranghoher deutscher Offizier unterzeichnet, der nicht mehr viel zu sagen hatte. Den Briten reichte seine Unterschrift nicht. Hatte nicht 1918 das deutsche Militär schon einmal jemanden ohne Kommandogewalt den Waffenstillstand unterzeichnen lassen und dann erklärt, es sei im Felde unbesiegt geblieben? Ohne die Unterschrift der Person, die offiziell die Kommandogewalt innehatte, sollte es dieses Mal nicht gehen. Deshalb musste Keitel noch einmal 'ran. Gegen die Annahme, einen erzürnten Stalin durch eine Extra-Zeremonie zu besänftigen, spricht zudem, dass bereits während der ersten Unterzeichnung in Reims die folgende Ratifizierung durch den Oberkommandierenden der Wehrmacht schriftlich vereinbart worden war.

Eine dritte Legende sorgt für weitere Verwirrung. Danach wurde die am 8. Mai vorgelegte Urkunde erst nach Mitternacht, mithin am 9. Mai, unterschrieben, weil man sich über den Wortlaut nicht einigen konnte und in Berlin die Moskauer Zeit (MEZ + 2 Std.) eingeführt worden sei. Richtig ist, dass sich die Unterzeichnung aus technischen, nicht politischen Gründen verzögerte. Die russische Übersetzung der bislang nur auf Englisch abgefassten Urkunde, die nach Berlin übermittelt worden war, war nicht vollständig. Bevor alles komplett in Karlshorst auf dem Tisch lag und die Delegierten der westlichen Alliierten die Übersetzungen vergleichen konnten, gingen einige Stunden ins Land. Um 0.15 Uhr MEZ war es dann endlich so weit: Die Ratifikationsurkunden wurden unterzeichnet. Da galten ihre Bestimmungen bereits seit mehr als einer Stunde. Nach westeuropäischer Zeit war es 23.15 Uhr, also noch der 8. Mai, nach Moskauer Zeit 2.15 Uhr, mithin bereits der 9. Mai. Weil Stalin die Kapitulation in seinem Land nicht am 8., sondern am 9. Mai bekannt geben wollte, gilt dort bzw. in Russland dieses Datum als Tag des Kriegsendes. Die in Osteuropa gepflegte Vorstellung, dass die Kapitulation vom 8./9. Mai der eigentliche Akt gewesen und Reims nur vorbereitenden Charakter hatte, ist eine vierte Legende. Die am 7. Mai vollzogene Kapitulation war rechtskräftig – warum hätte die Rote Armee die deutschen Truppen sonst bereits am 7. und 8. Mai mit Flugblättern über die Kapitulation informieren sollen?

An die Kapitulation in Berlin erinnert das Deutsch-Russische Museum Berlin-Karlshorst. Auf seiner Website (www.museum-karlshorst.de) lassen sich auch die Dokumente einsehen.

71. Warum nur ließ Enola Gay, hoch über Hiroshima, den Kleinen Jungen fallen? Wäre Enola Gay bloß der Vorname der Mutter von Paul Tibbets gewesen, gäbe es keinen Grund, ihn hier zu nennen. Tibbets war ein amerikanischer Oberst und Pilot einer B-29, die er nach seiner Mutter benannt hatte. Auch das wäre nicht weiter erwähnenswert, wenn die Maschine nicht am 6. August 1945 mit einer ganz speziellen Fracht unterwegs gewesen wäre: der Uranbombe «Little Boy». Kurz nach 8.00 Uhr erreichte die Enola Gay ihr Ziel, die japanische Großstadt Hiroshima, und warf die Atombombe mitten über dem Stadtgebiet ab. Eine zweite Atombombe wurde am 9. August über Nagasaki ausgeklinkt. Mehr als 200 000 Japaner starben, über 150 000 wurden verletzt.

Warum war es so weit gekommen? Während der Krieg in Europa seit drei Monaten vorbei war, tobten die Kämpfe im Fernen Osten weiter. Bei der Schlacht um die japanische Insel Okinawa lieferten sich 180 000 GIs und 1200 Kriegsschiffe von Anfang April bis zum 21. Juni erbitterte Gefechte mit den 110 000 Verteidigern. Kamikaze-Piloten – selbstmörderische Marineflieger, die sich mit voller Bombenlast auf die gegnerischen Schiffe stürzten – fügten der US Navy die schwersten Verluste seit Kriegsbeginn zu. Selbst japanischen Zivilisten wurde befohlen, ihr Leben im Kampf zu riskieren. Das war jedoch nur ein Vorgeschmack auf das, was die Amerikaner bei einer Invasion des japanischen Mutterlandes erwartet hätte. Die amerikanische Führung fürchtete angesichts des Risikos einer zum Selbstmord bereiten Militärclique, rund 1,5 Millionen GIs zu verlieren. Kurz darauf, zu Beginn der Potsdamer Konferenz am 17. Juli 1945, erhielt der US-Präsident die Information, dass die Atombombe einsatzbereit sei. Seit 1942 hatten die Amerikaner ihre Bemühungen zum Bau einer Atombombe in den Labors von Los Alamos, New Mexico, vorangetrieben. Codename: «Manhattan Project». Am 16. Juli 1945 hatten sie die erste Atombombe bei Alamogordo gezündet. Als die japanische Regierung die ultimative Forderung der Konferenzteilnehmer zur Kapitulation ablehnte, fällte Präsident Truman die folgenschwere Entscheidung, die Atombombe einzusetzen, um den Krieg möglichst schnell und möglichst ohne Stalins Unterstützung zu beenden. Die UdSSR trat am 8. August in den Krieg ein, griff die Mandschurei, Korea und die Kurilen an. Am 14. August erklärte sich Nippon zur Kapitulation bereit, die am 2. September an Bord des Schlachtschiffs *Missouri* stattfand, ohne Stalin. Die Deutschen hatten Glück im Unglück. Ursprünglich war die Atombombe entwickelt worden, um als Waffe gegen das «Dritte Reich» eingesetzt zu werden. Albert Einstein hatte Präsident Roosevelt bereits 1939 vor der deutschen Entwicklung einer Atombombe gewarnt, nachdem deutschen Wissenschaftlern 1938 die erste Kernspaltung gelungen war. Im Abwurf der Atombombe über Hiroshima verdichtete sich der Schrecken des modernen Krieges zu einem weltweiten Symbol, das jederzeit abgerufen werden kann. So kritisierte beispielsweise 1980 die britische New Wave-Band O. M. D. die Stationierung amerikanischer Mittelstreckenraketen mit dem Song «Enola Gay». Mit schwarzem Humor erinnerte sie an den 6. August 1945 und reimte «is mother proud of Little Boy today?», ist Mutter heute auf den Kleinen Jungen stolz?

Personen

72. Warum war Erwin «Wüstenfuchs» Rommel so propagandatauglich? Als Draufgänger war er berüchtigt. «Wo Rommel ist, ist vorn», hieß es in der Truppe. Bereits im Ersten Weltkrieg hatte der Kaiser den jungen Berufsoffizier mit dem Orden Pour le Mérite ausgezeichnet. Als Frontoffizier gehörte Erwin Rommel (1891–1944) zu den wenigen, die in die Reichswehr übernommen wurden. In Hitler sah Rommel wie viele Nationalkonservative früh einen Hoffnungsträger, der auch dem Militär wieder zu Macht und Ruhm verhelfen würde – und damit Rommels Aufstiegschancen als Offizier wachsen ließe. Ganz in Rommels Sinne setzte Hitler auf eine moderne, motorisierte Armee, auf die Luft- und die Panzerwaffe. In der Wehrmacht stieg Rommel, der Sohn eines Gymnasialdirektors, die Leiter der militärischen Laufbahn ab Kriegsbeginn rasch nach oben, voller Begeisterung für den «Führer». Blitzartig drang er im Mai 1940 mit seiner 7. Panzerdivision nach Frankreich vor, und elegant mit schwarzem Ledermantel statt lässig in Shorts befehligte er in der Wüste Nordafrikas das Deutsche Afrikakorps. Hitler hatte Mussolini geschrieben, dass er zur Unterstützung der italienischen Truppen «den verwegensten Panzerwaffengeneral» schicken werde, «den wir in der deutschen Armee besitzen». Der war mit seiner Aufgabe unzufrieden, auf einem Nebenkriegsschauplatz die Position zu halten. Doch er hatte Pech. War er nach der Kapitulation der britischen Festung Tobruk – heute ein libysches Kaff am Mittelmeer – im Juni 1942 auf dem Gipfel seiner militärischen Laufbahn, scheiterte seine Offensive Anfang Juli vor der Stellung von el-Alamein. Schlecht ausgegangen war für ihn auch die erfolgreiche Landung der Alliierten in der Normandie am 6. Juni 1944. Als Oberbefehlshaber der Heeresgruppe B in Frankreich hatte er darauf spekuliert, dass die Alliierten mehrere hundert Kilometer weiter südwestlich, an der Atlantikküste, die «Festung Europa» angreifen würden.

Rommel war ehrgeizig, auf sein Image bedacht, zugleich verantwortungsbewusst gegenüber seinen Soldaten und dem Gegner gegenüber fair – kurz: wie für die NS-Propaganda gemacht. Dass er sich als Offizier um die politischen Hintergründe seines Tuns wenig scherte, stand dazu nicht im Widerspruch. Tatsächlich baute Goebbels ihn zum Kriegshelden auf. Die Bilder vom Frankreich-Feldzug kündeten erneut vom Ruhme Rommels und seiner Division. Die Aufnahmen vom Kriegsschauplatz in Nordafrika sollten der Heimat das räumliche Ausmaß der militärischen Erfolge vor Augen führen und von der weniger glorreichen Ostfront ablenken. Den Heerführer machten sie zu einem Helden, den bald jeder Knirps in Deutschland kannte. Als Hitler von seinem Generalfeldmarschall, der zunehmend und offen seine Kriegsführung kritisierte und im Sommer 1944 in einem Brief an Hitler die Kapitulation forderte, genug hatte, trieb er ihn in den Selbstmord. Vor die Wahl gestellt, sich selbst zu töten oder sich vor dem berüchtigten Volksgerichtshof wegen seiner angeblichen Verstrickung in das Hitler-Attentat zu verantworten, nahm Rommel die Giftampulle, nachdem man ihm damit gedroht hatte, seine Familie unter Repressalien leiden zu lassen. Die Propaganda hielt an ihrem Soldaten-Star fest. Rommel sei den Folgen eines Tieffliegerangriffs bei einer Frontfahrt erlegen, hieß es. Der frühe Tod nährte den Helden-Mythos.

Rommel war eine zwiespältige Figur. Mal setzte er Hitlers Befehle kongenial um, mal widersetzte er sich ihnen, wenn sie dem Kriegsvölkerrecht widersprachen. Das erklärt, warum der Mythos Rommel das Kriegsende bis heute überstanden hat. Britische und amerikanische Medien bastelten besonders eifrig daran. Schließlich ist es im Nachhinein immer besser, gegen einen hervorragenden Gegner gekämpft und gewonnen zu haben. Filme wie «Der Wüstenfuchs» (USA, 1952) und «Das war unser Rommel» (BRD, 1953) ließen Rommel auf der Leinwand in der Rolle des Widerstandskämpfers glänzen. Sicher, er wollte mit den westlichen Alliierten einen Separatfrieden schließen, aber doch nur, um den Krieg im Osten gegen die Rote Armee zu gewinnen. Erst als auf den deutschen Sieg keine Wetten mehr abgeschlossen wurden, kamen Rommel Zweifel am Krieg.

Längst sitzt kaum noch jemand der Legende auf, dass Rommel ein Widerständler gewesen sei; unklar ist weiterhin, inwieweit er über das geplante Attentat informiert war. Jedenfalls gehört der GFM zu den wenigen prominenten Militärs des NS-Regimes, die auch in der Bundesrepublik salonfähig sind. Nicht nur Straßen, auch Kasernen tragen seinen Namen, und im schwäbischen Heidenheim erinnert seit 1961 ein Denkmal an den prominentesten Sohn der Stadt. Kratzer bekam das Rommel-Bild, als sich die Westdeutschen in den achtziger Jahren kritischer mit der nationalsozialistischen Vergangenheit auseinandersetzten. Fest steht: Rommel hat sich als unpolitischer, nur auf sein Handwerk und seine Karriere bedachter Offizier vom Nationalsozialismus vereinnahmen lassen. Seine Welt waren die Schlachtfelder und Kasernenhöfe. Den rassistischen Kern des Nationalsozialismus mochte er ebenso wenig erkannt haben wie den wahren Charakter des Krieges. Denn er wollte davon nichts wissen. Nicht dem GFM, sondern seinem Mythos widmete das Haus der Geschichte Baden-Württemberg in Stuttgart 2009 eine Ausstellung.

73. Wie wechselte Friedrich Paulus von einer deutschen Diktatur in die andere? Einen Opel erhielt er, das Jagdrecht und eine Villa im Nobelviertel von Dresden – die SED wusste es zu schätzen, dass der ehemalige Generalfeldmarschall der Wehrmacht Friedrich Paulus (1890–1957) sein militärisches Know-how nach dem Krieg in den Dienst der DDR stellte. Dabei war der Name Paulus nicht mit dem Widerstand gegen Hitler verknüpft, sondern mit der Schlacht bei Stalingrad und dem Tod von 150 000 gefallenen oder verhungerten Soldaten.

Der Beamtensohn hatte nur kurz in das Jura-Studium hineingeschnuppert und sich dann für die militärische Laufbahn entschieden. Am Ende des Ersten Weltkriegs war er zum Hauptmann aufgestiegen. Der konservativ-monarchistische Stabsoffizier empfand die Niederlage natürlich als Schmach; seiner Bewunderung für das Militär konnte sie nichts anhaben. Im Gegenteil: Das Freikorps «Grenzschutz Ost» bot ihm vorübergehend ein neues, paramilitärisches Wirkungsfeld.

Nach der nationalsozialistischen «Machtergreifung» wuchs seine Sympathie für Hitler. Im Krieg diente Paulus dem Regime zunächst als Chef des Generalstabes der 10. Armee unter Walther von Reichenau, bevor er ab 1940 im Generalstab des Heeres, im höchsten Führungskreis und damit in unmittelbarer Nähe zu Hitler, den Überfall auf die Sowjetunion – den Feldzugsplan «Barbarossa» – ausarbeitete. Paulus war überzeugt, dass der Bolschewismus zerschlagen werden müsse. Nach dem Angriff auf die UdSSR steuerte er zunächst die Operationen im Osten vom Kartentisch des Generalstabes des Heeres aus, bis er zum neuen Oberbefehlshaber der 6. Armee in der Heeresgruppe Süd berufen wurde. In dieser Eigenschaft hob er für seinen Armeebereich die gegen Zivilisten, vor allem gegen Juden gerichteten verbrecherischen Befehle auf oder ließ sie nicht durchführen. Am 21. August 1942 befahl er aufgrund einer Weisung Hitlers den Angriff auf Stalingrad – der Beginn einer militärischen Katastrophe. Von der Roten Armee eingekesselt, musste sich Paulus entscheiden, ob er dem Befehl des «Führers» gehorchte und ausharrte, um die prestigeträchtige Stadt um jeden Preis doch noch einzunehmen, oder ob er auf eigene Faust den Ausbruch aus dem Kessel wagen sollte. Paulus konnte sich nicht durchringen, gegen den unsinnigen Befehl des Diktators zu handeln. Ein Kapitulationsangebot lehnte er ab. Die anschließende Offensive der Roten Armee kostete den meisten eingekesselten Soldaten das Leben. Hitler, dem Paulus noch zum zehnten Jahrestag der «Machtergreifung» gratuliert hatte, verlieh ihm am 31. Januar 1943 den höchsten militärischen Dienstgrad in der Erwartung, dass der frischgebackene Generalfeldmarschall Selbstmord begehen werde, um nicht dem Feind in die Hände zu fallen. Noch am selben Tag ging der in Kriegsgefangenschaft – als Privatperson.

Die Sowjets öffneten Paulus die Augen für die Verbrechen von SS und Wehrmacht. Spätestens jetzt dämmerte dem ranghöchsten Soldaten des NS-Regimes, dass Hitler die Wehrmacht für seine verbrecherischen Ziele benutzt, die 6. Armee im Kessel von Stalingrad mit leeren Versprechen hingehalten und dann im Stich gelassen hatte. Als Paulus von dem missglückten Attentat auf Hitler und den ersten Hinrichtungen erfuhr, gab er dem Drängen der sowjetischen Seite nach und trat dem Bund Deutscher Offiziere (BDO) bei, der aus der Gefangenschaft heraus die deutschen Landsleute und Kameraden zum Sturz Hitlers und zur sofortigen Beendigung des Krieges aufrief. Moskau, nicht Berlin, hatte Paulus als Galionsfigur der Propaganda gewonnen, die jedoch ins Leere lief. Erst die militärische Niederlage der Deutschen setzte dem Massensterben ein halbes Jahr später ein Ende.

Nach einem kurzen Intermezzo in Nürnberg, wo Paulus als Zeuge vor dem Kriegsverbrechertribunal den verbrecherischen Charakter des Überfalls auf die Sowjetunion bekräftigte, seine eigene Verantwortung einräumte und auch der militärischen Elite eine Mitschuld gab, war klar, dass Paulus auch fortan auf sowjetischer Seite stand, ja stehen musste. Die konnte ihn jeden Moment wegen der Behandlung sowjetischer Kriegsgefangener vor Gericht stellen. Im Westdeutschland der Nachkriegszeit galt er vielen, vor allem seinen ehemaligen Kameraden, als Verräter. Am 24. Oktober 1953 kehrte er nach Deutschland zurück, in die DDR, nach Dresden. Hier eröffnete sich ihm ein neues Wirkungsfeld als Leiter des Kriegsgeschichtlichen Forschungsrates und Dozent an der Hochschule für Offiziere der Kasernierten Volkspolizei (KVP), des Vorläufers der Nationalen Volksarmee (NVA). Paulus identifizierte sich weniger mit dem Ziel des Kommunismus als mit der nationalen Idee eines in Frieden vereinten «demokratischen» Deutschlands, mit der die SED auch im Westen für ihre Deutschlandpolitik und gegen Adenauers Politik der Wiederbewaffnung und Westintegration warb. Gegen die ergriff Paulus nun öffentlich das Wort, um seinen Einfluss geltend zu machen – nicht zuletzt auf ehemalige Offiziere der Wehrmacht, die er aufgrund ihrer Kriegserfahrung für die vermeintlich friedliche Position der DDR gewinnen wollte. Doch wie sollte dieses Deutschland politisch aussehen? Wie beurteilte Paulus die zunächst verkappte, dann offene Aufrüstung des SED-Regimes? Was hielt er von der Sowjetisierung Ostdeutschlands und den Satrapen in Pankow? Darüber schwieg Paulus sich bis zu seinem Lebensende aus. Nach längerer Krankheit starb er 1957. Ob man, wie jüngst sein Biograph, in dem Generalfeldmarschall a. D. einen vom Schicksal geprüften Patrioten sehen möchte, oder einen unpolitischen Soldaten, der sich vor den Karren zweier diktatorischer Regime spannen ließ, ist wohl eine Frage des Blickwinkels.

74. Was hatte ein verklemmter Landwirt mit Terror und Krieg zu tun? Erst jetzt tritt eine Schlüsselfigur des NS-Regimes aus Hitlers Schatten: Heinrich Himmler. Der 1900 in München in eine katholische Gymnasiallehrerfamilie geborene Himmler hatte Landwirtschaft studiert und seit 1925 Karriere in der NSDAP gemacht. 1929 hatte Hitler ihn zum Chef seiner paramilitärischen Schutzstaffel (SS) befördert. Das war das Sprungbrett für eine beispiellose Karriere. 1936 wurde Himmler Chef der gesamten Deutschen Polizei, baute das System der Konzentrationslager aus und erweiterte die bewaffneten Verbände der SS. Im Krieg stand Himmler nicht nur an der Spitze der SS und Waffen-SS, der neuen Terrorzentrale des Reichssicherheitshauptamtes. Hitler ernannte ihn auch zum «Reichskommissar für die Festigung deutschen Volkstums», das heißt zum Exekutor der «ethnischen Säuberungen», des Holocaust und der Ermordung slawischer «Untermenschen» in den besetzten Gebieten Osteuropas. Kaum 40 Jahre alt, war der verklemmte, bindungsgestörte, aber ungemein ehrgeizige Himmler durch eine verblüffende Machtakkumulation zum wichtigsten Mann nach Hitler aufgerückt. Er nutzte den Handlungsspielraum, den das NS-Regime typischerweise bot. Einerseits waren die zentralen Machtapparate an Hitler gebunden, andererseits konnten die Funktionsträger ihre Macht relativ frei nutzen und so mit anderen konkurrieren. Auch wenn es paradox erscheint: Diese «Polykratie» war ein zentraler Funktionsmechanismus der nationalsozialistischen Diktatur. Himmler wusste, wie er daraus für sich Kapital schlagen und seine Zuständigkeiten erweitern konnte. Seine Parole, nach dem «erklärten Willen des Führers» zu handeln, öffnete ihm viele Türen. Nach dem Attentat vom 20. Juli 1944 ernannte Hitler ihn auch noch zum Befehlshaber des Ersatzheeres, das heißt der im Reich stationierten Ausbildungs- und Ergänzungstruppenteile für die an der Front stehenden Verbände des Feldheeres.

Himmlers Fernziel war der Aufbau eines «judenfreien», bis zum Ural reichenden Großgermanischen Reiches. «Was Deutschland in der Zukunft vor sich hat», verkündete er 1938 vor SS-Gruppenführern, «ist entweder das großgermanische Imperium oder das Nichts.» Ausgerechnet Himmler, der den totalen Krieg bis zuletzt befürwortet hatte, meinte als «ehrlicher Vermittler» mit den Alliierten in letzter Sekunde hinter Hitlers Rücken verhandeln zu können. Als der von diesem Verrat erfuhr, enthob er ihn aller Ämter. Himmler tauchte ab, geriet in englische Gefangenschaft. Als seine Identität aufgedeckt wurde, nahm er sich am 23. Mai 1945 mit einer Zyankalikapsel das Leben.

75. Wollte Karl Dönitz die Deutschen retten? Noch seine Beerdigung 1981 besaß politischen Sprengstoff. «Wenn ich geahnt hätte, dass zur Beisetzung des ehemaligen Großadmirals so viele charaktervolle Ehrenmänner (mit ihrer sozusagen preußischen Auffassung von Pflichterfüllung) mit den Glitzerdingern am Hals erscheinen», schrieb ein Veteran in einem ironischen Leserbrief an DIE ZEIT, «dann wäre ich auch gekommen - und hätte mir meine Beinprothese um den Hals gehängt.» Kaum einer der militärischen Big Shots war und ist zum Teil bis heute so umstritten wie Karl Dönitz. Woran liegt das? Dönitz (1891-1980) hatte ab 1936 die deutsche U-Boot-Waffe aufgebaut. Als deren Befehlshaber seit dem 12. September 1939 machte er durch die Rudel-Taktik, den gezielten Angriff von U-Boot-Gruppen auf die alliierten Geleitzüge im Nordatlantik, den Briten das Leben schwer, indem er deren Versorgung über See massiv behinderte. 2800 versenkte Schiffe mit 15 Millionen Bruttoregistertonnen gehen auf das Konto seiner U-Boote. 1943 löste Dönitz, der wegen seiner Loyalität Hitlers Vertrauen genoss, Erich Raeder als Oberbefehlshaber der Kriegsmarine ab. In der Atlantikschlacht hatte der Großadmiral weniger Fortune. Gleichwohl ernannte Hitler ihn in seinem Testament zum Nachfolger als Reichspräsident; am 1. Mai 1945 übernahm Dönitz die Regierungsgewalt und den militärischen Oberbefehl. In einer Rundfunkansprache fordert er die Volksgenossen auf, den Krieg im Osten fortzusetzen. «Deutsche Wehrmacht, meine Kameraden! Der Führer ist gefallen, getreu seiner großen Idee, die Völker Europas vor dem Bolschewismus zu bewahren, hat er sein Leben eingesetzt und den Heldentod gefunden. Mit ihm ist einer der größten Helden deutscher Geschichte dahingegangen. In stolzer Ehrfurcht und Trauer senken wir vor ihm die Fahnen.» Als Hitlers Nachfolger bekräftigte er, «den Kampf gegen die Bolschewisten fortzusetzen, bis die kämpfende Truppe und bis die Hunderttausenden von Familien des deutschen Ostraumes vor der Versklavung und der Vernichtung gerettet sind. Gegen Engländer und Amerikaner muss ich den Kampf so weit und so lange fortsetzen, wie sie mich an der Durchführung des Kampfes gegen die Bolschewisten hindern. Die Lage erfordert von Euch, die Ihr schon so große geschichtliche Taten vollbracht habt, und die Ihr jetzt das Ende des Krieges herbeisehnt, weiteren, bedingungslosen Einsatz. Ich verlange Disziplin und Gehorsam. Nur durch vorbehaltlose Ausführung meiner Befehle werden Chaos und Untergang vermieden. Ein Feigling und Verräter ist, wer sich gerade jetzt seiner Pflicht entzieht und damit deutschen Frauen und Kindern Tod oder Versklavung bringt. Der dem Führer von Euch geleistete Eid gilt nunmehr für jeden Einzelnen von Euch ohne weiteres mir, als dem vom Führer eingesetzten Nachfolger. Deutsche Soldaten, tut Eure Pflicht! Es gilt das Leben unseres Volkes.» Soweit Dönitz' Durchhalteparolen im O-Ton. Wäre es nach ihm gegangen, hätten die deutschen Truppen gegenüber den westlichen Alliierten nach und nach kapituliert. Am 8. Mai verkündete er über Rundfunk die bedingungslose Kapitulation. (Das Deutsche Rundfunkarchiv hat die Rede als Hörzitat auf seine Website gestellt: www.dra.de.)

Dass Hitler, der dem Militär grundsätzlich misstraute, just Dönitz zu seinem Nachfolger bestimmte, kam nicht von ungefähr. Hatte der sich doch wie kein anderer auf Hitlers Weltanschauung eingelassen, auch auf seinen Judenhass. Dönitz war fanatisch und technokratisch zugleich. Er blieb dem «Führer» bis zuletzt ergeben; Widerstand kam für ihn nie in Frage. In den grotesken 23 Tagen von Flensburg schmiedete er allen Ernstes Pläne für ein neues Deutschland, ohne SS zwar, aber ganz auf der Linie des Nationalsozialismus. Insofern setzten die Alliierten ein ebenso richtiges wie wichtiges Zeichen, als sie die Regierung Dönitz öffentlichkeitswirksam aus dem Verkehr zogen. Das britische Oberkommando verhaftete Dönitz am 23. Mai 1945 in Flensburg und löste die Geschäftsführende Reichsregierung auf. Der Internationale Militärgerichtshof verurteilte ihn zu zehn Jahren Haft; 1956 wurde er aus dem Kriegsverbrechergefängnis in Berlin-Spandau entlassen. In seinen Memoiren, die 1968 unter dem Titel «Mein wechselvolles Leben» erschienen, trennte er wie seine Mitstreiter von einst zwischen dem Militär und dem NS-Regime, als habe das eine mit dem anderen nichts zu tun gehabt. So sehr sah er sich als letztes Staatsoberhaupt des Deutschen Reiches, dass er meinte, nach seinem Tod dem amtierenden Bundespräsidenten eine Art Testament übermitteln zu müssen, in dem er ihm das Amt übertrug.

Aber, wird der ein oder andere einwenden, verdankten nicht zwei Millionen Deutsche aus den Ostgebieten dem Großadmiral ihr Leben? Bis heute hält sich hartnäckig die Vorstellung, dass Dönitz mithilfe seiner Kriegsmarine alles daran gesetzt habe, die deutsche Zivilbevölkerung vor der Roten Armee zu retten. Dönitz selbst hat nach dem Krieg an der Legende gestrickt, indem er sich zum verantwortungsbewussten Militärbefehlshaber stilisierte, der im Frühjahr 1945 allein das Wohl der Zivilbevölkerung im Blick gehabt habe. Die neuere Forschung hat auch von diesem Mythos nichts übrig gelassen. Tatsächlich findet sich in den komplett erhaltenen Akten der Seekriegsleitung kein einziger Hinweis darauf, dass Dönitz am Leben der an aussichtsloser Position kämpfenden Soldaten oder der flüchtenden ostdeutschen Zivilisten besonders interessiert gewesen wäre. Entscheidend war für ihn vielmehr, dass die Ostsee das einzige Übungsgebiet war, in dem die Kriegsmarine die neuen U-Boot-Typen testen konnte, mit denen Dönitz eine Wende im Seekrieg gegen die westlichen Alliierten erreichen wollte. Bei den Transporten über See hatten militärische Belange stets Vorrang vor der Evakuierung der Zivilbevölkerung. Noch am 25. April weigerte er sich, Schiffsraum für den Transport von Mecklenburg nach Dänemark zur Verfügung zu stellen. So waren es vielmehr örtliche Marinestellen, die Flüchtlingstransporte improvisierten und zwischen 800 000 und 900 000 Flüchtlinge und 350 000 verwundete Soldaten – nicht, wie immer wieder kolportiert, 2 Millionen – über die Ostsee nach Westen retteten. Millionen andere Menschen verloren in den letzten Kriegsmonaten ihr Leben, oder ihre Unversehrtheit, wie der Verfasser des Leserbriefs zu Dönitz' Beerdigung.

76. War George S. Patton Jr. ein Rebell in Uniform? Bei den Olympischen Spielen in Stockholm 1912 wurde der 26-jährige Offizier Fünfter im Modernen Fünfkampf. Doch George S. Patton Jr. entwickelte keinen weiteren Ehrgeiz im Schwimmen, Degenfechten oder Querfeldeinlauf. Der West Point-Absolvent machte in der US Army Karriere. Patton, der im Ersten Weltkrieg unter General Pershing in Europa gekämpft und die ersten amerikanischen Panzerfahrer ausgebildet hatte, machte sich im Zweiten Weltkrieg durch seine Erfolge in Nordafrika, auf Sizilien und in den Ardennen einen Namen. Als General der 3. US Army führte er seit dem 1. August 1944, einige Wochen nach der Landung in der Normandie, amerikanische Truppen Richtung Reich. Ein Coup gelang ihm Ende Juli in Avranches mit einem rasanten Durchbruch durch die deutschen Linien. Mit seinen Panzerverbänden umging er die deutschen Truppen, zerstörte die linke Flanke und beschleunigte so den Vormarsch der westlichen Alliierten bis zur Mosel. Patton eroberte die Festung Metz, trug zur Abwehr der Ardennenoffensive bei, erreichte am 17. März bei Koblenz den Rhein, nahm die süddeutschen Städte Ulm und Memmingen und die westböhmische Stadt Pilsen ein. Kurz vor Prag wurde sein Vormarsch dann aus politischen Gründen gestoppt.

Nachdem die 3. US Army am 11. April 1945 das KZ Buchenwald befreit hatte, sorgte Patton dafür, dass Weimarer Bürger durch das Lager geführt und mit den Verbrechen konfrontiert wurden. Pferdeliebhaber weisen gerne darauf hin, dass er das Lipizzaner-Gestüt in Österreich vor dem Zugriff der Roten Armee bewahrt hat. Dabei galt Patton Jr. als großmäuliger Draufgänger. «I am a soldier, I fight where I am told, and I win where I fight» [Ich bin Soldat, ich kämpfe, wo ich kämpfen soll, und ich gewinne, wo ich kämpfe] ist nur einer der Sprüche, die ihm zugeschrieben werden.

Nach Kriegsende wurde Patton Militärgouverneur in Bayern. Hier machte er keine gute Figur. Patton sprach sich gegen die Entnazifizierungspolitik aus, hielt die NSDAP für eine normale Partei und bewunderte die SS, «eine verdammt gut aussehende Bande von sehr disziplinierten Hurensöhnen». Antisemitismus war die andere Seite der Medaille. Der cholerische Vier-Sterne-General wurde schließlich politisch untragbar, so dass Eisenhower ihn Ende 1945 vom Kommando der 3. Armee ablöste und zur 15. Armee nach Bad Nauheim versetzte. Patton starb am 21. Dezember 1945 nach einem Autounfall. Begraben wurde er wunschgemäß auf dem amerikanischen Soldatenfriedhof in Hamm (Luxemburg); seine Kriegserinnerungen erschienen 1947. Für ein Patton-Revival sorgte 1970, in der Zeit der Proteste gegen den Vietnamkrieg, der Film «Patton», in der deutschen Fassung mit dem Titelzusatz «Rebell in Uniform». Die dreistündige Leinwand-Biographie mit George C. Scott (Regie: Francis Ford Coppola, Edmund H. North), 2001 auf DVD gemastered, gewann sieben Oscars. Der Film beginnt mit einer bekannten Szene: Vor einem überdimensionalen Star Spangled Banner hält Patton am 17. Mai 1944 eine Ansprache an seine Männer. Dieser Pep-Talk, wegen der vulgären Sprache berüchtigt, wird bis heute parodiert: So zieht «Patton» gegen die Dekadenz im Krieg gegen den Terrorismus vom Leder (http://www.youtube.com/watch?v=xyUX6wV1lBQ).

77. Was machte Georgi Konstantinowitsch Schukow zu einem tragischen Kriegshelden? Ein Exemplar «Erinnerungen und Gedanken» erhielt der Verfasser dieses Bändchens bei einem Besuch in der UdSSR in den 1980er Jahren als beziehungsreiches Abschiedsgeschenk. Der Autor: Georgi Konstantinowitsch Schukow (1896–1974).

Mit seinen Lebenserinnerungen in zwei Bänden hatte Schukow einen internationalen Bestseller gelandet. Kein Wunder, war er doch seit dem Zweiten Weltkrieg einer der wichtigsten Militärs der Sowjetunion und der Mann, in dessen Hauptquartier die Kapitulationsurkunde unterzeichnet worden war. Stalin hatte Schukow, der bereits im Bürgerkrieg in den Reihen der Roten Armee gekämpft hatte, 1941 zum Chef des Generalstabs der Roten Armee gemacht, wenig später war er für die Verteidigung Moskaus verantwortlich. Als stellvertretender Oberbefehlshaber war er maßgeblich an der Abwehr der deutschen Angreifer und an der Großoffensive gegen die deutsche Heeresgruppe Mitte beteiligt. Er koordinierte auch die Verteidigung Stalingrads. Unter der Führung Schukows, der 1942 zum Marschall der Sowjetunion ernannt worden war, erreichte die 1. Weißrussische Front die Oder und kämpfte schließlich in Berlin. Schukow nahm beim Vormarsch auf Berlin hohe Verluste in Kauf, um Stalins Wunsch entsprechend als Erster in Berlin zu sein. Unter seiner Verantwortung kam es zu Kriegsverbrechen an der deutschen Zivilbevölkerung. In Berlin-Karlshorst nahm er die Bedingungslose Kapitulation der Wehrmacht entgegen. Nach Kriegsende prägte Schukow als Chef der Sowjetischen Militäradministration (SMAD) in Ostdeutschland und Oberbefehlshaber der sowjetischen Besatzungstruppen die Entwicklung der Sowjetischen Besatzungszone. 1950 wechselte er als Verteidigungsminister auf den politischen Kriegsschauplatz, bis ihn Nikita Chruschtschow 1957 entmachtete. Das Zentralkomitee der KPdSU hielt ihm vor, in den Streitkräften einen ungebührlichen Kult um seine Person zu betreiben, der seine Rolle im Krieg überbetonte und so leninistische Führungsprinzipien verletze. Noch 1956 war er als «Held der Sowjetunion» ausgezeichnet worden, zum vierten Mal. 1964, nach Chruschtschows Sturz, wurde er rehabilitiert und als einer der erfolgreichsten Kriegshelden des Großen Vaterländischen Krieges gefeiert. Nach seinem Tod 1974 erhielt er ein Ehrengrab an der Kremlmauer. Schließlich ließ Boris Jelzin ihm 1990 vor dem Moskauer Historischen Museum in unmittelbarer Nähe des Roten Platzes ein Reiterstandbild errichten. Ein literarisches Denkmal setzte ihm der Dichter Alexander Solschenizyn nach seiner Rückkehr in die UdSSR. Für ihn ist der Held der Sowjetunion ein tragischer Held, der auf dem Schlachtfeld den Gegner überlistete, im Hauen und Stechen der Politik aber unterlag.

78. Warum hielt Charles de Gaulle die bekannteste Ansprache in Frankreich in England? Das Todesurteil wurde nicht vollstreckt, der Delinquent war nicht greifbar. Charles de Gaulle (1890–1970), ein französischer Berufsoffizier, war am 6. Juni 1940 zum Unterstaatssekretär im Kriegsministerium der Regierung Reynaud berufen worden, die jedoch bereits zehn Tage später zurücktrat und den Weg für den Nachfolger Philippe Pétain freimachte, der den deutsch-französischen Waffenstillstandsvertrag unterzeichnete. De Gaulle hatte sich am 17. Juni nach London abgesetzt und zum Widerstand aufgerufen. Der Kriegsrat der neuen Regierung verurteilte ihn im August 1940 in Abwesenheit zum Tode. Im Exil wurde de Gaulle zur führenden Figur der Résistance, des Komitees der Nationalen Befreiung, im Juni 1943 Chef der Londoner Exilregierung, aus der sich im Mai 1944 die Provisorische Regierung der Französischen Republik rekrutierte. Einen Tag nach seiner Flucht in die britische Hauptstadt rief er die Franzosen über Rundfunk auf, trotz der Niederlage den Widerstand fortzusetzen. Während Marschall Philippe Pétain, der künftige Staatschef, am 17. Juni an die Franzosen appellierte, die Waffen niederzulegen, erklärte de Gaulle am 18. Juni 1940 über die BBC, dass der Kampf fortgesetzt werde: «Die Flamme des Widerstandes darf nicht und wird nicht erlöschen» – «La flamme de la résistance ne doit pas s'éteindre et ne s'éteindra pas.» Er forderte seine Landsleute auf, sich ihm anzuschließen. Am 25. August 1944 kehrte er im Triumphzug nach Paris zurück und wurde zum provisorischen Staatschef gewählt. Von dem Amt trat er bereits am 20. Januar 1946 zurück, da er sich mit der verfassunggebenden Nationalversammlung nicht auf die Organisation des neuen Staates einigen konnte. In seiner Rede von Bayeux 1946, die er nicht zufällig am 16. Juni hielt, erläuterte de Gaulle seine Vorstellung von einer französischen Republik. Nach dem Militärputsch von Algier am 13. Mai 1958 beauftragte der Präsident der Republik René Coty den «bedeutendsten Franzosen» mit der Bildung einer neuen Regierung. Nach seinem Rücktritt 1969 zog er sich nach Colombey-les-Deux-Eglises zurück und schrieb dort seine Erinnerungen an den Krieg, in dem sein Mythos gründete.

Kriegsende(n)

79. Was war Hitlers letztes Aufgebot? Viele Jungen des Jahrgangs 1928 wurden mit 16 Kinder-Soldaten. Nicht besser erging es den Älteren, die bislang nicht zur Wehrmacht eingezogen worden waren. Denn am 25. September 1944 befahl Hitler die Bildung des «Volkssturms». Alle waffenfähigen Männer zwischen 16 und 60 sollten zur Verstärkung der Wehrmacht mobilisiert werden. Nun liefen auch noch die Jugendlichen und die Alten Gefahr, verheizt zu werden. «Dem uns bekannten totalen Vernichtungswillen unserer jüdisch-internationalen Feinde setzen wir den totalen Einsatz aller deutschen Menschen entgegen», erklärte Hitler. Der Volkssturm sollte «den Heimatboden mit allen Waffen und Mitteln verteidigen, sofern sie dafür geeignet erscheinen». Die Angehörigen des «Volkssturms», kenntlich gemacht mit einer Armbinde und der Aufschrift «Deutscher Volkssturm – Wehrmacht», galten während ihres Einsatzes als Soldaten im Sinne des Wehrgesetzes. Das traf grundsätzlich rund 6 Millionen Menschen, die aus Altersgründen, aber auch aus gesundheitlichen oder beruflichen Gründen vom Kriegsdienst freigestellt worden waren. Zyniker sprachen von der «wertvollsten» Einheit der Wehrmacht – wegen der silbernen Haare, goldenen Zähne und bleiernen Füße. Doch nur ein geringer Teil wurde auch tatsächlich einberufen. Mit dem Jahrgang 1928 traf es allerdings erstmals junge Menschen, die vollständig im Nationalsozialismus erzogen worden waren – viele meldeten sich freiwillig.

Die militärische Leitung hatte der Befehlshaber des Ersatzheeres, Heinrich Himmler, während sich der Leiter der Parteikanzlei, Martin Bormann, um die Organisation kümmern musste. Die Gauleiter übernahmen die Aufstellung und Führung des «Volkssturms», wobei sie auf Parteiorganisationen wie SA, SS und Hitlerjugend zurückgreifen sollten. Litt schon die Wehrmacht unter massiven Ausrüstungsproblemen, konnten die Männer des Volkssturms kaum noch mit Waffen und Munition ausgestattet werden. Ihre geringe Kampfkraft stand denn auch in keinem Verhältnis zu der Lebensgefahr, der sich Jugendliche und alte Menschen aussetzen sollten. Schanzarbeiten, militärische Sicherungen und die Verteidigung der eigenen Ortschaft: Das waren die Aufgaben dieser letzten Reserve. Für den militärischen Gegner waren die Volkssturmmänner häufig Partisanen, gegen die sie rücksichtslos vorgingen. Besonders im Osten, im Kampf gegen die

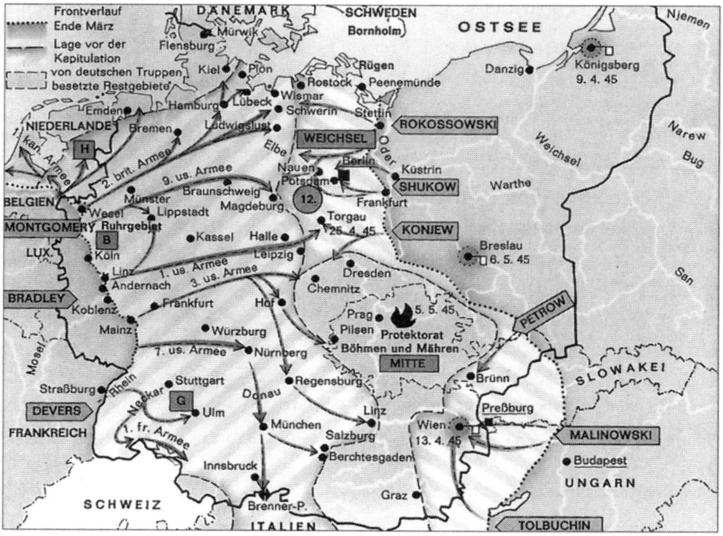

Das Ende des „Großdeutschen Reichs“ April/Mai 1945

Rote Armee, starb eine unbekannte Zahl. Rund 175 000 Männer des Volkssturms galten nach 1945 als vermisst. Der «Volkssturm» ist das Paradebeispiel dafür, dass das NS-Regime rücksichtslos bis zum Ende kämpfen ließ, obwohl an der Niederlage längst kein Zweifel mehr bestand.

80. Was schickte 1944/45 das Fleißige Lieschen nach Luxemburg?

Für die **H**offnung **d**er **P**arteigenossen steht die Abkürzung HDP natürlich nicht, sondern für die **H**och**d**ruck**p**umpe. So lautete die technische Bezeichnung einer Spezialwaffe, an der ihre Hoffnung hing. Bekannter war die Waffe, die eine Schussweite von bis zu 160 km erreichen sollte, als «Fleißiges Lieschen» oder auch als «Tausendfüßler». Ein kompliziertes System von Rohren und Treibsätzen sollte die Geschosse auf eine Mündungsgeschwindigkeit von 1500 m/sek beschleunigen. Viele Versuche waren jedoch eher ein Schuss in den Ofen, zu groß waren die technischen Probleme. Nur zwei HDP-Anlagen wurden bis Februar 1945 installiert, in einer abgespeckten Version. Sie feuerten über 150 Granaten nach Luxemburg und Antwerpen. Bekannter als die Hochdruckpumpe sind noch heute andere

«Wunderwaffen»: die V 1 und V 2. «V» stand für Vergeltung. Die Wunderwaffen würden den Gegner in letzter Sekunde zurückwerfen, raunte die Propaganda, seitdem Goebbels 1943 den totalen Krieg ausgerufen hatte. Düsenflugzeug, Rakete, Atombombe: deutsche Ingenieurskunst sollte die materielle Unterlegenheit wettmachen. Der Führer hatte alles im Griff, lautete die Botschaft, mit der die «Volksgenossen» 1944/45 zum Durchhalten angetrieben wurden, als die Alliierten die alten Reichsgrenzen überschritten. Die V 1 war ein unbemannter Flugkörper (Fieseler Fi 103), der einen Gefechtskopf von 850 kg über eine Entfernung von bis zu 370 km transportieren konnte und dabei bis zu 640 km/h schnell flog. Durch ein Zählwerk, das die Brennstoffzufuhr abschaltete, wurde die V 1 über dem Ziel zum Absturz gebracht. Ihre Premiere hatte die V 1 am 12./13. Juni 1944. Von der Kanalküste aus wurde sie auf London abgeschossen; im Herbst wurden die V 1 auch gegen Lüttich und Antwerpen eingesetzt. Insgesamt flogen fast 10 500 V 1 gegen England, 11 900 gegen Belgien. Der Schaden war groß, die militärische Bedeutung gering.

Auch die Wirkung der V 2, wie die ballistische Fernrakete A-4 genannt wurde, entsprach nicht den Erwartungen. Die Ingenieure, die unter dem Physiker Wernher von Braun seit den 30er Jahren, seit 1937 in der Heeresversuchsanstalt Peenemünde, an dem Projekt gearbeitet hatten, setzten auf etwas ganz Neues: eine per Leitstrahl gesteuerte Überschallrakete, der die gegnerische Seite nichts mehr entgegensetzen konnte. Das 14 m lange Projektil sollte in maximal 29 m Höhe bis zu 340 km weit fliegen. Doch zunächst machten Luftangriffe der Alliierten der nationalsozialistischen Führung einen Strich durch die Rechnung. So musste die Produktionsstätte in die unterirdische Fertigungsstätte des Konzentrationslagers Dora-Mittelbau bei Nordhausen im Südharz verlegt werden. Mehr als 20 000 Zwangsarbeiter kamen bei Bauarbeiten und bei der Raketenmontage ums Leben. Die Royal Air Force zerstörte auch die halbfertigen Bunkeranlagen in den Niederlanden, von denen aus London beschossen werden sollte, so dass die V 2 schließlich von mobilen Abschussanlagen der Artillerie auf London abgeschossen wurden. Insgesamt wurden 540 V 2-Raketen bis Ende 1945 produziert. 1269 Raketen wurden auf England abgefeuert; viele verfehlten allerdings ihr Ziel oder stürzten schon beim Anflug ab. 1539 flogen allein gegen Antwerpen, eine alliierte Nachschubbasis. Insgesamt kamen durch die V-Waffen rund 10 000 Menschen ums Leben, 30 000 wurden verletzt.

Die Hoffnung auf den «Endsieg», die viele Deutsche weiterkämpfen ließ, speiste sich nicht zuletzt aus dem Vertrauen in die Wirkung der neuen Waffen und dem Glauben an den «Führer», der damit mal wieder allen zeigen würde, dass er schon wusste, was er tat. In dieser Durchhaltepropaganda lag der eigentliche Nutzen der V-Waffen: Am Ende klammerten sich viele an den Strohhalm eines waffentechnischen Wunders. In der Feldpost eines Landsers, der seinen Augen kaum traute, liest sich das so: «Hier habe ich jetzt einiges gesehen, was meinen Glauben an den Endsieg wieder sehr gefestigt hat», schrieb ein Gefreiter am 18. November 1944 aus Holland. «Täglich saust V1 über uns hinweg. Weißt Du, wenn man das sieht, ist man doch sehr beeindruckt. Zuerst sieht man am Horizont plötzlich einen feurigen Ball aufsteigen, der mit unheimlicher Geschwindigkeit an Höhe gewinnt. [...] Nach 30–40 sec. hört man dann ein dumpfes Grollen, das langsam anschwillt und dann wieder nachlässt. [...] Die Blitzbomber, das Flugzeug mit dem Turbinenantrieb ohne Luftschraube, flitzt hier auch immer rum. Die Geschwindigkeit ist ganz ungeheuer.» Der Endsieg blieb dann doch aus. Auch aus der deutschen Atombombe wurde nichts, anders lautenden Gerüchten zum Trotz. – Wernher von Braun ging 1945 in die USA und baute dort zwischen 1959 und 1972 in einer leitenden Funktion in der NASA die amerikanische Raumfahrt mit auf.

81. Welche Verbrechen verübten Nationalsozialisten kurz vor zwölf? Wer kurz bevor alles vorüber war, meinte, es wäre alles vorbei und die weiße Fahne in sein Fenster hängte, die HJ-Jungs vom Volkssturm nach Hause schickte oder den örtlichen NS-Funktionär festsetzte, riskierte sein Leben. Ihm drohten Straf- und Racheaktionen der Nationalsozialisten, zumal dann, wenn die Alliierten zunächst nur vorübergehend die Oberhand vor Ort hatten. In Lebensgefahr gerieten all jene, die nicht zur Volksgemeinschaft zählten: KZ-Insassen, Zwangsarbeiter, Kriegsgefangene und Häftlinge der Arbeitserziehungslager. Zu den Toten der letzten Stunde zählten auch Wehrmachtsangehörige, die am Ende «Fahnenflucht» begangen hatten. Kriegsendphasenverbrechen nannte die Justiz nach 1945 jene Tötungsverbrechen, die Nationalsozialisten in den letzten Monaten und Wochen vor Kriegsende begangen haben. Gut die Hälfte der Verfahren in den ersten sieben Nachkriegsjahren befasste sich mit Straftaten, die Deutsche im Inland an Deutschen begangen hatten. Prozesse wegen deutscher

Verbrechen gegen Alliierte hatten sich die Siegermächte zunächst vorbehalten. Zu den Tätern zählten in der Regel Angehörige der Gestapo, der SS und der Wehrmacht, die das Verbrechen begangen hatten, während die Drahtzieher im Hintergrund, die «Schreibtischtäter», erst später zur Rechenschaft gezogen wurden, wenn überhaupt. An Endphasenverbrechen waren sogar Werwölfe schuld.

82. Wie gefährlich waren die Werwölfe? Dass Menschen zu wilden Tieren mutieren oder sich einbilden, Tiere zu sein, ist eine Vorstellung, die sich bereits in den griechischen Sagen findet. Auf Germanisch heißen diese Wolfsmenschen «Werwölfe» (germanisch «wer» = Mann). An Hermann Löns' Roman «Der Wehrwolf» hatte der Befehlshaber des Ersatzheeres, Reichsführer SS Heinrich Himmler, vermutlich gedacht, als er im Oktober 1944 die deutsche Bevölkerung dazu aufrief, hinter der feindlichen Linie wie Partisanen zu kämpfen und die Alliierten am Vorrücken zu hindern. Für die Ausbildung der «Werwölfe» zum Kampf in kleinen Kampfgruppen war ein ehemaliger Höherer SS- und Polizeiführer zuständig, der in Russland Erfahrungen im Partisanenkampf gesammelt hatte. Doch die Propaganda lief weitgehend ins Leere. Wer wollte in letzter Sekunde noch sein Leben für eine verlorene Sache aufs Spiel setzen, außer einige fanatisierte Hitlerjungen?

Allerdings kam es zu einzelnen spektakulären Aktionen. So fiel der von den Amerikanern eingesetzte Aachener Oberbürgermeister Franz Oppenhoff am 25. März 1945 einem Werwolf-Attentat zum Opfer. Von Hildesheim aus war ein Kommando in die Nähe von Aachen geflogen worden, um den «Verräter» hinter der Front zu liquidieren. Die nationalsozialistische Propaganda feierte den Fememord als Exekution eines Todesurteils. Propagandaminister Goebbels, der zugleich «Generalbevollmächtigter für den totalen Kriegseinsatz» war, rief zum totalen Widerstand auf. Im Rundfunk, über den Sender «Werwolf», ließ er verlautbaren, dass die Deutschen «mit Vergnügen und ohne Rücksicht» das Leben eines jeden Briten, Amerikaners oder Sowjetbürgers auf deutschem Boden auslöschen, «wo immer wir eine Gelegenheit haben». Wie in Aachen schlugen Werwolf-Kommandos zum Beispiel auch in Wiesental (Schwarzwald) zu, wo sie russische Zwangsarbeiter erschossen, und in Penzberg (Oberbayern), wo am 28. April 1945 16 Frauen und Männer hingerichtet wurden, die sich geweigert hatten, die Stadt zu verteidigen. Doch der deutsche Guerillakrieg fand nicht statt.

Indirekt schadete die Werwolf-Propaganda den Deutschen noch nach der Besetzung. Unter den Alliierten, die von der Sache Wind bekommen hatten, schürte sie die Furcht vor Partisanentätigkeit und Widerstandsnestern. Vor allem die sowjetische Geheimpolizei NKWD verhaftete Jugendliche, weil sie angeblich einer Untergrundarmee angehörten. Die sowjetische Militärgerichtsbarkeit verurteilte Minderjährige zum Tode oder zu langen Haftstrafen, was nicht selten dazu führte, dass Jugendliche in eines der berüchtigten Speziallager eingeliefert und zur Zwangsarbeit nach Sibirien deportiert wurden. Glück im Unglück hatte 1945 der Potsdamer Schüler Hermann S. Weil sich der 15-Jährige geweigert hatte, am Russischunterricht teilzunehmen, wurde er wegen Werwolf-Tätigkeit zu 20 Jahren Zwangsarbeit verurteilt, aufgrund seiner schlechten körperlichen Verfassung jedoch nicht nach Sibirien, sondern für fünf Jahre in die Festung Torgau verbracht. Seine Mitschüler waren da längst hingerichtet.

83. Wie sicher war am Ende die Alpenfestung? Ein Bluff der Propaganda war auch das Gerede von einer *Alpenfestung*. Hitler hatte lauthals verkünden lassen, dass er in einer solchen Festung so lange durchhalten werde, bis die aus seiner Sicht unnatürliche Koalition der westlichen Alliierten mit der UdSSR auseinanderfiel. In die *Alpenfestung* sollte sich, wäre es nach Hitler gegangen, auch die Heeresgruppe C zurückziehen, die in Norditalien kämpfte. Tatsächlich war im Frühjahr 1945 gar nicht mehr daran zu denken, noch eine befestigte Anlage für den «Endkampf» aufzubauen. Dazu fehlten dem Reich längst die notwendigen logistischen Mittel, vom Zusammenbruch der Wehrmacht ganz zu schweigen. Wer hätte die *Alpenfestung* denn verteidigen sollen? Doch darauf wollten sich die Alliierten 1945 nicht verlassen. Um nicht erneut eine Überraschung zu erleben – den Coup der Ardennenoffensive 1944/45 hatten die Amerikaner in schlechter Erinnerung –, ging General Eisenhower Ende März 1945 auf Nummer sicher. Ein großer Teil der Verbände, die von Westen aus ins Reichsgebiet vorgedrungen waren, sollte nach Süden Richtung Alpen abschwenken, während andere nur bis zu einer Linie Leipzig–Erfurt weitermarschierten. Dadurch hatte die Propaganda eine weitreichende, wenngleich unbeabsichtigte Wirkung: Die sowjetischen Truppen besetzten als erste die Reichshauptstadt Berlin.

84. Hat Hitler den Untergang etwa inszeniert? Hitler hielt bis zuletzt an seinen ursprünglichen Kriegsplänen fest und blieb auf den «Endsieg» fixiert, lautet eine weitverbreitete Annahme. Einige Historiker halten dagegen: Hitler müsse irgendwann zwischen Dezember 1941 und September 1942 aufgegangen sein, dass «sein» Krieg nicht mehr zu gewinnen sein würde. Gut möglich – so argumentieren sie –, dass Hitler die zweitbeste Variante wählte, die ihm als einzige blieb, nachdem der Holocaust angelaufen war: den heroischen Untergang. Dazu zögerte der «Führer» den Krieg möglichst lange hinaus, um sein Ende effektvoll zu inszenieren. Hitler orientierte sich an der romantischen Vision der Selbstaufopferung, wie sie seit den Befreiungskriegen und dann immer radikaler seit dem Ersten Weltkrieg in der Literatur propagiert worden war. Hier fand er die historische Vorlage für die Choreographie des Selbstmords und des kollektiven Untergangs der Deutschen. Eine Schmach wie 1918 sollte um jeden Preis vermieden werden. Aus diesem Blickwinkel erscheint die Katastrophe von 1945 als Neuauflage des nationalromantischen Ideals von Tod und Wiedergeburt. In seinem Politischen Testament versuchte Hitler, seinen Suizid als den tragischen Untergang eines Helden zu inszenieren und so sein Scheitern zu einem sinnvollen Akt des Opfers umzudeuten. Der Führer ist «bis zum letzten Atemzuge gegen den Bolschewismus kämpfend [...] für Deutschland gefallen», meldete der Rundfunk am 1. Mai 1945. Vom «Heldentod» sprach denn auch sogleich sein Nachfolger, Karl Dönitz. Doch daran wollte schon bald niemand mehr so recht glauben.

85. Mitgegangen, mitgefangen – mitgehangen? Dem einen rettete sie das Leben, dem anderen war sie die Vorstufe zum Tod. Nie zuvor hatte Kriegsgefangenschaft ein solches Ausmaß erreicht. Fast 20 Millionen Soldaten sind im Zweiten Weltkrieg in Gefangenschaft geraten. Nie zuvor auch fiel das Schicksal der Soldaten im «Gewahrsam» des Gegners unterschiedlicher aus, je nachdem wo und wann sie in Gefangenschaft gerieten. Obwohl alle später kriegführenden Staaten außer der UdSSR 1929 die Genfer Konvention unterzeichnet hatten, wurden die Regeln zur Behandlung von Kriegsgefangenen immer wieder missachtet, durch Folter, Zwangsarbeit in der Kriegswirtschaft oder (gezielte) Unterernährung mit Todesfolge. Was die Soldaten der Alliierten in deutscher Kriegsgefangenschaft erwartete, hing von ihrer Herkunft ab. Auf der einen Seite hat Hitler die gefangenen Franzosen, Briten und Amerikaner relativ korrekt behandeln lassen, schon um der deutschen Kriegsgefangenen willen. Auf den westlichen Kriegsschauplätzen wurden die Konventionen in hohem Maße berücksichtigt. Schon kurz nach dem Ende der Kämpfe wurden beispielsweise norwegische, dänische, belgische, niederländische und griechische Soldaten aus der Kriegsgefangenschaft entlassen. Rund 1,6 Millionen französische Soldaten, die 1940 in Gefangenschaft geraten waren, mussten gegen Lohn im Reich Arbeitsdienst leisten. Allerdings gab es Ausnahmen. Westalliierte Soldaten, die an einem Kommandounternehmen (einer handstreichartigen Aktion) beteiligt waren, sollten erschossen werden; diesen Kommandobefehl führten Wehrmachtangehörige in mehreren Fällen durch; notgelandete «Terrorflieger» wurden mitunter Opfer der Lynchjustiz.

Auf der anderen Seite überlebten die meisten sowjetischen Soldaten die Gefangenschaft nicht. Von den insgesamt 5 700 000 Kriegsgefangenen sind 3 300 000 (57,5 Prozent) in den Lagern der Wehrmacht gestorben. Zwei Millionen starben zwischen Herbst 1941 und Februar 1942. Den «Tod durch Hunger» hatten die Nationalsozialisten einkalkuliert. Hitler fühlte sich hier nicht an das Völkerrecht gebunden, weil die sowjetische Seite die Konvention nicht unterzeichnet hatte. Vor allem aber sah er den «Weltanschauungskrieg im Osten» ohnehin jenseits aller normalen militärischen Auseinandersetzung, so dass die sowjetischen Gefangenen so gut wie Freiwild waren. Das Kriegsende erlebten 630 000 sowjetische Kriegsgefangene in deutschen Lagern.

Umgekehrt befanden sich im Mai 1945 rund 11 Millionen deutsche Soldaten in alliiertem Gewahrsam. Allein nach der Niederlage bei Stalingrad gingen im Februar 1942 erstmals 91 000 Soldaten in Gefangenschaft, in Nordafrika waren es drei Monate später etwa 130 000. Von den 3 155 000 Wehrmachtsoldaten in sowjetischem Gewahrsam sind 1 185 000 (37,5 Prozent) aus der Gefangenschaft in der UdSSR nicht zurückgekehrt. Über 90 Prozent der Soldaten, die 1941/42 in sowjetische Hände fielen, verloren ihr Leben in einem Land, das selbst am Hungertuch nagte. Von den Gefangenen, die die Rote Armee nach der Kapitulation machte, starb etwa ein Viertel vor der Entlassung. Die letzten Gefangenen kamen erst 1955/56 wieder auf freien Fuß. Ebenso verschwanden 263 000 der in der Mandschurei von der Roten Armee gefangen genommenen japanischen Soldaten. Fast 15 000 polnische Soldaten hatten die Sowjets bereits im

April und Mai 1940 exekutiert, darunter 4000 Offiziere bei Katyn. Deutsche Kriegsgefangene in westlichem Gewahrsam wiederum wurden im Wesentlichen den völkerrechtlichen Bestimmungen entsprechend behandelt und kurz nach der Kapitulation, spätestens 1948 in die Heimat entlassen.

Die folgende Übersicht enthält nicht die von den Japanern gefangen genommenen Soldaten, auch nicht die rund 1 Million Italiener, die im Reich als «Militärinternierte» festgesetzt wurden, nachdem Italien die Seiten gewechselt hatte.

Kriegsgefangene der Achsenmächte		Deutsche Kriegsgefangene im Gewahrsam von ...	
Polen	695 000	USA	3 635 000
Franzosen	1 800 000	UdSSR	3 060 000
Belgier	215 000	Frankreich	937 000
Griechen	50 000	Jugoslawien	194 000
Sowjetbürger	5 000 000	Andere Staaten	171 000
Briten	130 000		

Yves Durand, Histoire de la Deuxième guerre mondiale, Paris: Complexe 1997, S. 601

86. Warum wurde Hitlers Traumschiff versenkt? Das Traumschiff des «Dritten Reiches» war in besseren Tagen für das NS-Freizeitunternehmen «Kraft durch Freude» (KdF), einer Unterorganisation der Deutschen Arbeitsfront, auf Kreuzfahrt im Mittelmeer und in der Ostsee unterwegs. Die «MS Wilhelm Gustloff» war mit 25 484 Bruttoregistertonnen einmal eines der größten deutschen Kreuzfahrtschiffe, ausgelegt für rund 2000 Passagiere. Im Krieg funktionierte die Kriegsmarine den Urlaubsdampfer zu einem Lazarettschiff um. Am Ende diente die *Gustloff* als Transportmittel für verwundete Soldaten und deutsche Zivilisten, die in Ostpreußen von der Roten Armee eingeschlossen waren und auf dem Seeweg gen Westen evakuiert werden sollten. Doch die Fahrt wurde zu einem Albtraum. Am 31. Januar 1945 hatte das Schiff in Gotenhafen (Gdingen) mit schätzungsweise etwa 10 000 Flüchtlingen und verwundeten Wehrmachtsoldaten abgelegt; sein Ziel: Kiel. Tarnfarbe bedeckte den weißen Bug des 208,5 Meter langen Schiffes; Flakgeschütze standen dort, wo sonst die erholungsuchenden Volksgenossen promenierten. Kurz nach 21 Uhr geriet die *Gustloff* ins Visier des sowjetischen U-Boots S 16. Drei Torpedos brachten das riesige Schiff zum Kentern, innerhalb einer Stunde sank es. Da es an Rettungsbooten mangelte und Temperaturen um –20 Grad herrschten, gab es nur 1239 Überlebende. Der Angriff führte zu einer in der Geschichte der Seefahrt beispiellosen humanitären Katastrophe, ein Kriegsverbrechen war er nicht. Vor wenigen Jahren wurde die *Gustloff* erstmals ein Thema der öffentlichen Kriegserinnerung. Der gebürtige Danziger Günter Grass widmete ihm 2002 die Novelle «Im Krebsgang», ARD und ORF strahlten 2008 den gleichnamigen Zweiteiler aus (Regie: Joseph Vilsmaier). Den deutschen Opfern, weniger den Opfern der Deutschen galt das Interesse, wie schon in den 1950er Jahren – kein Tabubruch also.

87. Wie kam die Rote Fahne auf den Reichstag? Kaum ein Bild steht so sehr für den Zusammenbruch des NS-Regimes und das Ende des Krieges wie dieses: Rotarmisten hissen nach dem Erstürmen des Reichstags die Rote Fahne als Zeichen des Sieges. Doch das Foto, eines der bekanntesten des 20. Jahrhunderts, ist nicht echt, nicht im engeren Sinn jedenfalls. Weder wurde *diese* Fahne gehisst, noch von *diesen* Soldaten, noch wurde das Foto in dem historischen Moment geschossen, den es zu zeigen vorgibt. Die ganze Szene wurde nachgestellt. Der russische Kriegsfotograf Jewgenij Chaldej hatte dazu selbst eine Fahne mitgebracht und Soldaten auf der Ostseite des Gebäudes in Pose gesetzt. Wie die Rotarmisten mit der Sowjetflagge tatsächlich auf das Dach des Reichstagsgebäudes gekommen waren, ist nicht zweifelsfrei zu belegen, zu zahlreich und zu unterschiedlich sind die Berichte der vermeintlich beteiligten Soldaten. Sicher ist nur, dass Rotarmisten am 30. April eine rote Fahne in das Gebäude brachten.

Die Reichshauptstadt (4,3 Mio. Einwohner 1939) hatte die Luftangriffe in der *Battle of Berlin* halbwegs überstanden. Trotz der materiellen Schäden und des Todes von 50 000 Menschen nach über 360 Bombenangriffen war die Moral der Berliner nicht am Boden. Am Boden musste nunmehr der Kampf um Berlin entschieden werden. Das war Sache der Roten Armee, die von der Oder her auf Berlin vorrückte, während sich ihre Verbündeten noch Hunderte Kilometer entfernt im Westen des Reiches befanden; am 25. April erst trafen sie bei Torgau an der Elbe mit den sowjetischen Truppen zusammen. Nach dem verlustreichen Kampf bei den Seelower Höhen, einer Hügelkette in Ostbrandenburg, hatte die Rote Armee am 21. April 1945 den Stadtrand von Berlin erreicht, drei Tage später war die Stadt eingeschlossen. Straße um Straße kämpften sich die sowjetischen Soldaten gegen den Widerstand von rund 100 000 Mann, etwa die Hälfte aus dem «Volkssturm», in das Regierungszentrum vor. Im Führerbunker unter der Reichskanzlei befehligte Hitler wie in einem virtuellen Kriegsspiel seine Truppen. Die Hoffnung, durch die 12. Armee, die «Armee Wenck», von außen befreit zu werden, entbehrte jeder Grundlage. Am 30. April beging Hitler Selbstmord. Am selben Tag hissten Rotarmisten die Rote Fahne auf dem Reichstagsgebäude, dem die Spuren der Luftangriffe und Straßenkämpfe deutlich anzusehen waren. Der Kampfkommandant von Berlin, General Helmuth Weidling, kapitulierte zwei Tage später.

Das Foto einer Fahne auf dem Dach des Reichstags erschien am 3. Mai in der *Prawda*. Jene Männer, die die Fahne hissten, waren jedoch weder die auf Chaldejs Foto noch die zwei, die bis 1990 offiziell die Ehre hatten (und bis 1992 Ehrenbürger Berlins waren). 1996 nannten russische Medien die Namen von drei Männern, die man unter Todesandrohung gezwungen habe, niemandem etwas von ihrer Tat zu erzählen. Letzte Sicherheit wird es erst geben, wenn die Historiker einen Blick in die Archive werfen dürfen.

Ein *Fake* ist auch ein weiteres historisches Foto, das als Symbol für das Kriegsende steht. Als sich am 25. April 1945 US-Soldaten der 58. Gardeschützendivision und Rotarmisten der 69. Infanteriedivision auf der zerstörten Brücke am Ostufer der Elbe in Torgau erstmals die Hände reichten, als wären sie alte Kameraden, war kein Fotograf zur Stelle. Erst am nächsten Tag wurde die Szene nachgestellt, mit anderen Soldaten. Zu Unrecht gilt die Begegnung in Torgau überdies als das erste Zusammentreffen. Das fand einige Stunden früher 30 km südöstlich bei Strehla statt, einem Ort, der für eine weltweite Friedensbotschaft nicht taugte: Dort lagen zu viele Leichen.

88. Was regelte das Potsdamer Abkommen, das keins war? Noch heute fällt der Blick des Besuchers auf den Sowjet-Stern aus roten Blumen. Rotarmisten hatten ihn 1945 im Ehrenhof des Potsdamer Schlosses Cecilienhof angelegt. Anfang 1945 hatte die Kronprinzenfamilie das Schloss verlassen, das im Stil eines englischen Landsitzes erst 1917 fertig gestellt worden war. Der Höhepunkt der Touristenführung ist nicht die einer Kajüte nachempfundene Kammer von Kronprinzesschen Cecilie, sondern die Große Halle, die den Staats- und Regierungschefs der alliierten Siegermächte als Konferenzsaal diente. Durch Fotos eingestimmt, fällt es dem Besucher nicht schwer, sich vorzustellen, wie Harry S. Truman (USA), Winston Churchill beziehungsweise der eben neu gewählte Premierminister Clement Attlee (Großbritannien), Josef Stalin (UdSSR) und weitere Delegationsmitglieder um den runden Tisch saßen, der mit einem Durchmesser von mehr als drei Metern extra von einer Moskauer Möbelfirma angefertigt worden war. In dem Schloss, das im Gegensatz zu möglichen Tagungsorten in Berlin unversehrt geblieben war, fand vom 17. Juli bis zum 2. August 1945 jener G-3-Gipfel statt, auf dem über die Grenzziehungen in Europa und über die Verwaltung des besetzten Deutschlands entschieden wurde. Im Pazifik tobte noch der Krieg, da ging es an Potsdams Heiligem See um die Neuordnung für den Frieden.

Das Ergebnis der Besprechung wurde in einem Abschlusskommuniqué festgehalten. Die provisorische französische Regierung, die in Potsdam noch nicht vertreten war, stimmte am 4. August zu. Dieses Potsdamer «Abkommen» – wie es nicht ganz korrekt genannt wird – legte folgende politische Leitlinien fest: die Entmilitarisierung Deutschlands; die Auflösung der NSDAP und die Entfernung der Parteigenossen aus öffentlichen Ämtern; die Verurteilung der Kriegsverbrecher; die Demokratisierung und die Dezentralisierung der deutschen Verwaltung. In wirtschaftlicher Hinsicht wurde beschlossen: das Verbot der Rüstungsproduktion, die Demontage von Industrieanlagen; die alliierte Kontrolle der Wirtschaft; die Behandlung Deutschlands als wirtschaftliche Einheit; die Zahlung von Reparationen. Zudem einigte man sich vorbehaltlich eines definitiven Friedensvertrages darauf, dass der UdSSR das nördliche Ostpreußen zugeschlagen werde und die übrigen Gebiete östlich von Oder und Neiße unter polnische Verwaltung gestellt würden. Der «humane und geordnete Transfer» der deutschen Bevölkerung aus Osteuropa wurde legitimiert. Das so genannte Potsdamer Abkommen lieferte die Rechtsgrundlage dafür, dass die Alliierten gemeinsam die Verantwortung für Deutschland als Ganzes trugen. Doch die gemeinsame Besatzungspolitik scheiterte. Viele Regelungen wurden rasch Makulatur, als sich der Ost-West-Konflikt verschärfte und das zunächst in vier Zonen aufgeteilte Besatzungsgebiet in zwei deutsche Staaten auseinanderfiel.

Deshalb steht Potsdam am Ende des Krieges und am Beginn einer 40-jährigen Teilung. Erst 1990/91 wurde ein «Vertrag über die abschließende Regelung in bezug auf Deutschland» geschlossen: der Zwei-plus-Vier-Vertrag, ein Staatsvertrag zwischen den beiden deutschen Staaten, Großbritannien, den USA, Frankreich und der Sowjetunion, ebnete den Weg für die Wiedervereinigung. Jetzt erst verzichteten die Hauptalliierten auf ihr Kontrollrecht gegenüber der Bundesrepublik. Der Vertrag entsprach einem Friedensvertrag zwischen dem wieder souveränen Deutschland und den Siegermächten, wenngleich keiner den Begriff in den Mund nehmen wollte. Frieden ließ sich völkerrechtlich auch so wieder herstellen; für die Deutschen war der Begriff ohnehin mit schlechten Erinnerungen verbunden, und die Alliierten umgingen zudem die Frage der Reparationsforderungen, die nunmehr als erledigt galt. Statt eines Friedensvertrages sorgen zahlreiche völkerrechtliche Verträge dafür, dass etwa die Mitgliedstaaten von EU und NATO in Frieden leben. Der Zwei-plus-Vier-Vertrag geht insofern über einen Friedensvertrag hinaus.

89. Endete 1945 ein zweiter Dreißigjähriger Krieg? 1945 minus 30 ergibt zwar nicht 1914, aber fast. Diese Zeitspanne zwischen dem Beginn des Ersten und dem Ende des Zweiten Weltkriegs ist gemeint, wenn Historiker/innen von einem zweiten Dreißigjährigen Krieg sprechen und damit einen zeitgenössischen Begriff des 17. Jahrhunderts, der die Vielzahl der Kriege zwischen 1618 und 1648 in Europa zu einem Großkonflikt verdichtete, auf das 20. Jahrhundert übertragen. Warum das?

Der Zweite Weltkrieg ist ohne den Verlauf und die Folgen des Ersten Weltkriegs nicht zu verstehen. Das gilt für die politische und militärische Führung des NS-Regimes, die alles daran setzte, eine Niederlage wie 1918/19 durch die Stabilisierung der «Heimatfront» zu verhindern und durch eine Radikalisierung der Kriegführung den Krieg zu gewinnen. Das gilt auch für die sozialen, mentalen und kulturellen Bedingungen, unter denen die deutsche Gesellschaft den Krieg ermöglichte. Die «Dolchstoßlegende», der Diktatfrieden von Versailles und ein militanter Antisemitismus bereiteten über die Zwischenkriegszeit hinweg den Boden für die aggressive Außenpolitik zur Neuordnung Europas unter rasseideologischen Vorzeichen. Zwar gibt es zwischen dem Zweiten Weltkrieg und dem Ersten bedeutende graduelle Unterschiede – in erster Linie die Verbindung von Krieg und Holocaust. Doch zugleich haben beide Kriege neben ihrer großen geografischen Reichweite insbesondere gemein, dass der Gegner durch Feindbilder verteufelt wurde und damit die Grenze zwischen den Kombattanten und den Nichtkombattanten verschwamm: Nicht nur Soldaten, sondern auch Zivilisten waren vom Krieg betroffen und am Krieg beteiligt. Um diesen Zusammenhang deutlich zu machen und die erste Hälfte des 20. Jahrhunderts als ein Zeitalter der Weltkriege zu kennzeichnen, verwenden einige Historiker die Formel vom Dreißigjährigen Krieg. Ob diese Zeiteinteilung sinnvoll ist, kommt darauf an, was der Historiker stärker betonen möchte: die Kontinuität oder die Zäsuren und die Einzigartigkeit des Zweiten Weltkriegs, die im Zivilisationsbruch der Shoa liegt. Sicherlich kann man im Rückblick zu Beginn des 21. Jahrhunderts noch ein weiteres Argument geltend machen. Seit 1945, seit dem Abwurf der Atombombe, hat der Krieg seine Gestalt wesentlich verändert, auch das Verhältnis zu militärischer Gewalt und das Bild des Soldaten haben sich grundlegend gewandelt. Die Bundesrepublik sei, heißt es, eine «postheroische» Gesellschaft. Mit soldatischem Heldentum können die meisten Deutschen nach den Erfahrungen der ersten Hälfte des 20. Jahrhunderts wenig anfangen. Im Rückblick ist hier eine Zäsur klar zu erkennen, die 1945 als das Ende eines Zeitalters der Weltkriege erscheinen lässt, in dem die alten Werte ein letztes Mal galten.

Kriegsfolgen

90. Wie viele Menschen verloren im Krieg ihr Leben? Es gibt kaum verbindliche Angaben darüber, vor allem nicht aus Ländern wie China, wo die Zahlen statistischen Standards nicht genügen und von 2 bis 6 Millionen reichen. Im deutschen Fall sind der Zusammenbruch der Wehrmacht und damit des Meldewesens ab Mitte 1944 ein erster Grund, die Unkenntnis über den Verbleib von Millionen Vermisster ein weiterer. Oft lassen sich daher nur Größenordnungen schätzen. Die Bilanz des Krieges lässt sich auf unterschiedliche Weise ziehen, aber die Todesopfer stehen an erster Stelle. Die Frage nach der Zahl der Todesopfer ist eine Schlüsselfrage, nicht zuletzt wegen des politischen Zündstoffs, der häufig in der Antwort liegt. Rechnen bedeutete nicht selten Aufrechnen.

Ungefähr 55 Millionen Menschen sind durch Kriegseinwirkung weltweit ums Leben gekommen. Eine Million Menschen gilt als vermisst, sie zählen praktisch zu den Toten. Für den deutschen Fall steht die Zahl der militärischen Verluste mittlerweile recht verlässlich fest: 5,3 Mill. Wehrmachtsoldaten starben im Krieg. Von den zum Heer eingezogenen Männern kamen 31 Prozent ums Leben. Aufschlussreich ist es, sich den Verlauf der Verluste der Wehrmacht anzuschauen. Aufschlussreich deshalb, weil einem hier die Folgen der Radikalisierung des Krieges ins Auge springen. In den letzten zehn Kriegsmonaten waren die Verluste der Wehrmacht etwa genauso hoch wie die der vorangegangenen knapp vier Jahre bis Juli 1944. Zwischen 300 000 und 400 000 Wehrmachtangehörige kamen zuletzt *pro Monat* um. Für die 1939 Eingezogenen lag die Überlebensdauer bei rund 4 Jahren; für die 1943 Eingezogenen nur noch bei einem halben Jahr. Wer 1945 eingezogen wurde, starb, wenn, bereits nach vier Wochen! Kein anderes Land hat jedoch so viele Tote zu beklagen wie die Sowjetunion. Rund 13,6 Millionen Soldaten starben oder gelten als vermisst, 6 Mill. Zivilisten kamen ums Leben. So starben von den 5,7 Millionen sowjetischen Kriegsgefangenen in deutschem Gewahrsam 3,3 Millionen. Setzt man die Zahl der Toten mit der Bevölkerungszahl des jeweiligen Landes ins Verhältnis, wird deutlich, wer besonders stark betroffen war. So verlor Deutschland 8 Prozent seiner Einwohner, die UdSSR rund 10 Prozent (20 Mill.), Jugoslawien 10 Prozent (1 700 000), Polen ca. 14 Prozent (5 600 000); deutlich niedriger liegen die Anteile zum Beispiel im Fall Japan mit 2 Prozent (535 000), Frankreich mit 1,5 Prozent (600 000) und den USA mit 0,2 Prozent (300 000).

Tabelle: Opfer der Kriegshandlungen unter Soldaten und Zivilbevölkerung der europäischen Staaten

	Soldaten	Zivilbevölkerung	Gesamt
UdSSR	13600 000	7 000 000	20 600 000
Deutsches Reich*	3 250 000	3 800 000	7 050 000
Polen	100 000	5 500 000	5 600 000

	Soldaten	Zivilbevölkerung	Gesamt
Jugoslawien	300 000	1 400 000	1 700 000
Frankreich	250 000	350 000	600 000
Tschechoslowakei	150 000	318 000	468 000
Rumänien	200 000	260 000	460 000
Ungarn	140 000	280 000	420 000
Italien	330 000	80 000	410 000
Großbritannien	326 000	62 000	388 000
Österreich	230 000	104 000	334 000
Litauen	302 000	k. A.	k. A.
Niederlande	12 000	198 000	210 000
Lettland	209 000	k. A.	k. A.
Griechenland	20 000	140 000	160 000
Estland	144 000	k. A.	k. A.
Belgien	12 000	76 000	88 000
Finnland	86 000	2000	88 000
Bulgarien	10 000	10 000	20 000
Norwegen	6000	4000	10 000
Dänemark	k. A.	2000	2000
Europa insgesamt	19 679 000	19 584 000	39 263 000

* einschließlich der «Volksdeutschen» in Osteuropa
nach: Grundkurs deutsche Militärgeschichte, Bd. 2, München 2007, S. 435

Vergleicht man die Zahlen mit denen des Ersten Weltkriegs (13 Mill. Tote), fällt nicht nur der Anstieg in absoluten Zahlen auf, sondern auch eine Verschiebung hin zu den zivilen Verlusten. Im totalen Krieg zwischen 1939 und 1945 starben in etwa so viele Zivilisten wie Soldaten: in den deutschen Konzentrations- und Vernichtungslagern der Nationalsozialisten, in den sowjetischen Arbeits- und Internierungslagern, durch die Bombardierungen der Städte, durch Flucht und Vertreibung.

Die gesundheitlichen und seelischen Folgen, unter denen die Überlebenden jahrzehntelang zu leiden hatten, sind erst recht nicht in

Zahlen zu fassen. Die sozialen Verwerfungen drückten dem Zusammenleben der Menschen nach 1945 so sehr ihren Stempel auf, dass Historiker von Nachkriegsgesellschaften sprechen. In der Bundesrepublik Deutschland zum Beispiel lebten 4 Millionen Verwundete, 1,4 Millionen Kriegswaisen und mehr als 1 Million Kriegerwitwen. Zahllose Kinder wuchsen in einem «Haus ohne Hüter» (Heinrich Böll) auf, weil der Vater gefallen war oder sich in Kriegsgefangenschaft befand.

Die Arithmetik des Krieges ist in anderer Hinsicht problematisch. Wer kann sich 100 000 Tote vorstellen oder 1 Million, ganz zu schweigen von 55 Millionen? Das gigantische Ausmaß der Verluste machte diese im engeren Sinne des Wortes unvorstellbar. Der Mord an einer einzelnen Person, das Schicksal einer überschaubaren Gruppe von Menschen bewegt uns viel stärker. Auch das könnte erklären, warum die Geschichte der jüdischen Familie Weiss in der amerikanischen Familiensaga «Holocaust» 1979 in Deutschland so erfolgreich war und mehr als alle Bücher und Statistiken den Westdeutschen den Massenmord an den europäischen Juden ins Bewusstsein gerufen hat.

PS: Noch immer werden Leichen gefunden. So stießen Bau- und Forstarbeiter 2009 bei Halbe (Dahme-Spreewald) auf die sterblichen Überreste von 46 Soldaten, die im Frühjahr 1945 an der letzten großen Kesselschlacht teilgenommen hatten. Die Toten wurden auf dem dortigen Soldatenfriedhof, auf dem 24 000 Kriegstote ruhen, im Rahmen einer Gedenkveranstaltung beigesetzt. «Der Krieg ist erst dann zu Ende, wenn der letzte Soldat begraben ist», meinte ein Vertreter des Volksbundes Deutsche Kriegsgräberfürsorge.

91. Welche Zerstörungen hat der Krieg angerichtet? Ein Wort kennzeichnete wie kein zweites die äußere und innere Verfassung, in der sich Deutschland im Frühjahr 1945 befand: Trümmer. Trümmerfrauen, Trümmerbahnen, Trümmerliteratur – bereits die zeitgenössischen Wortschöpfungen zeigen, wie sehr die Spuren der Zerstörung das Leben nach dem Krieg geprägt haben. 400 Millionen Kubikmeter Schutt mussten weggeräumt werden. Metropolen wie Köln, Hamburg und München erinnerten an Geisterstädte. In Köln lebten 1945 nur noch 40 000 Menschen, vor dem Krieg waren es 750 000. Wegräumen hieß auch: Aufräumen, das Chaos beseitigen und Ordnung schaffen. Die «Trümmerfrau» wurde in der Bundesrepublik zu einem

Symbol dieses Wiederaufbaus. Doch Deutschland war keine Trümmerwüste, es war ja nicht alles überall kaputt. Die bombardierten Städte waren viel stärker betroffen als das Land, und der Westen stärker als der Osten.

Wer genau hinsieht, erkennt auch heute noch die Spätfolgen, die Bomben, Artillerie oder Maschinengewehrsalven im Stadtbild hinterlassen haben: Parkplätze in Baulücken, Neubauten neben Fachwerkhäusern, mehrspurige Straßen statt mittelalterlicher Gassen im Stadtzentrum. Auch wieder aufgebaute Häuserzeilen an zentralen Plätzen wie in Münster und Frankfurt am Main oder markante Ruinen als steinerne Zeugen der Zerstörung wie die Gedächtniskirche in Berlin lassen ahnen, welchen materiellen Schaden der Krieg angerichtet hat. Die so genannten Blindgänger, die nicht explodierten, erinnern heute unvermittelt an den Krieg. Allein in Potsdam musste der Kampfmittelbeseitigungsdienst seit 1990 über 100-mal ausrücken, um die «Zeit-Bomben» unschädlich zu machen. Auch mehr als 60 Jahre nach Kriegsende müssen immer wieder Tausende von Menschen evakuiert werden.

Die wirtschaftliche Bilanz fiel katastrophal aus. In Deutschland verloren 4 Millionen Menschen ihre Wohnung (sie wurden «ausgebombt»); in Frankreich wurden 2, in Japan 3, in der Sowjetunion 6 Millionen Wohnungen zerstört. Der Wiederaufbau wurde durch die Zerstörung der Verkehrswege zusätzlich erschwert. In Deutschland waren 34 000 km Eisenbahnschienen demoliert, in Japan 50 000 km, in Frankreich 37 000 – fast die Hälfte des Schienennetzes. Als die Siegermächte über Reparationsforderungen debattierten, gingen sie für Europa davon aus, dass die Deutschen einen Schaden in Höhe von 20 Milliarden Dollar angerichtet hätten. 4,8 Mrd. Dollar betrug der Verlust im Reich, 2,1 in Frankreich, 2 in Polen – und 12,8 Mrd. Dollar in der UdSSR. Bezogen auf das jährliche Sozialprodukt lag der Schaden im Reich bei 140 Prozent, in Frankreich bei 130 Prozent, in Polen bei 300 Prozent und in der UdSSR bei 250 Prozent. Der persönliche Verlust, den diese Schäden für die Betroffenen bedeutete, lässt sich in nackten Zahlen freilich nicht ausdrücken. Hinzu kommt der materielle Verlust der Flüchtlinge und Vertriebenen, die keine Chance mehr erhielten, das Zerstörte in der Heimat wieder aufzubauen.

Es mag zynisch klingen, zumal bereits die NS-Propaganda diese Trostkarte spielte, aber die Kriegsschäden hatten auch ihr Gutes. Wo die teils mittelalterlichen Stadtviertel in Schutt und Asche lagen, hatten die Stadtplaner und Architekten in den fünfziger Jahren freie Bahn für den Bau breiter Straßen, moderner Wohnungen und großzügiger Grünanlagen, die den Erfordernissen der mobilen Nachkriegsgesellschaft entsprachen.

92. Warum gab es immer mehr «mot.» als «hott»? Zwar waren die Pferde-Stärken im Wortsinn auch im Zweiten Weltkrieg ein wichtiges Fortbewegungsmittel, aber im Kriegsverlauf hatte die Zahl der **mot**orisierten Einheiten, im Militärjargon mit «mot.» gekennzeichnet, deutlich zugenommen. War der Krieg ein Motor des technischen Fortschritts? Bereits vor 1939 wurden zahlreiche Dinge entwickelt, ohne die das moderne Leben schwer vorstellbar wäre: etwa Kunststoff, Antibiotika oder das Fernsehen. Doch erst die Kriegsanstrengungen haben dazu geführt, dass die Forschung auf vielen Gebieten intensiviert und der Weg von der Erfindung zur Serienproduktion verkürzt wurde. Nicht einsame Genies, sondern Wissenschaftler-Teams in Forschungs- und Entwicklungsabteilungen trieben die technische Entwicklung voran, von der sich die politische Führung militärische Vorteile versprach. Das *Manhattan Project* zur Entwicklung der Atombombe mit rund 40 000 Mitarbeitern ist nur ein besonders bekanntes Beispiel. Der Krieg war jedenfalls der Ausgangspunkt einer dritten industriellen Revolution: der Informatik. Der erste Computer wurde 1945 im Rahmen des *Manhattan Project* entwickelt, der erste Transistor 1948. Der Zweite Weltkrieg stellte daher die Weichen für einen technischen Wandel, der das Leben bis heute radikal verändert hat. Kleiner und schneller lautete die Devise. Auch in der Luft- und Raumfahrt begann mit den Raketen und Düsenflugzeugen ein neues Zeitalter; ohne die Technik der V 2 wären die amerikanischen und sowjetischen Raumfahrtprogramme kaum möglich gewesen. Und was wäre die moderne Luftfahrt ohne die zivile Nutzung des Radars? Paradoxerweise hat der Krieg auch die Sterblichkeitsrate gesenkt, mittelfristig jedenfalls. Denn die Serienproduktion der 1929 entdeckten Antibiotika seit 1941 und die Entdeckung des Rhesusfaktors zum Beispiel verbesserten die medizinische Leistung und erhöhten so die Lebenserwartung. Nach etwa 15 Jahren hatte das natürliche Bevölkerungswachstum die Verluste des Zweiten Weltkriegs quantitativ wettgemacht. Doch der Fortschritt erschütterte auch die Fortschrittsgläubigkeit. Schließlich hat der industrialisierte Massenmord an den europäischen Juden gezeigt, dass ein «zivilisiertes» Land technische Errungenschaften auch in den Dienst der Barbarei stellen konnte. Nicht zuletzt der Einsatz der Atombombe warf die philosophische Frage nach Sinn und Zweck des technischen Fortschritts auf.

93. Was hat eine flexible Antwort mit der Atombombe zu tun?
Kein diplomatisches Wischiwaschi hatten NATO-Strategen im Sinn, als sie im Kalten Krieg die *Flexible Response* beschlossen. Mit einer solchen Antwort wollten sie nicht Interview-Fragen ausweichen, sondern gezielt, aber eben flexibel auf einen gegnerischen Angriff reagieren. Diese Antwort war auch eine Reaktion auf den 6. August 1945. Der Abwurf der ersten Atombomben hatte nämlich Folgen nicht nur für den Ausgang des Zweiten Weltkriegs, sondern auch für den Krieg an sich. Die Zeit der «konventionellen» Kriege war abgelaufen, das Zeitalter des Atomkriegs hatte begonnen. Wie ein nuklearer Angriff funktionierte, hatte sich herumgesprochen: Im Zentrum des Atompilzes entstehen Temperaturen bis zu 20 Millionen Grad Celsius. Die Explosion führt zu Zerstörungen durch die Druckwelle (50 Prozent), Hitze (35 Prozent) und Radioaktivität (15 Prozent). Schließlich reicht das verseuchte Gebiet durch den radioaktiven Niederschlag (Fallout) weit über den Ort des Abwurfes der Bombe hinaus. Noch Jahre nach der Explosion sterben Menschen an den Folgen der radioaktiven Verseuchung vor allem an Krebs. Das Szenario eines Dritten Weltkriegs war in der zweiten Hälfte des 20. Jahrhunderts eine Horrorvision, die man sich lieber nicht ausmalen mochte.

Die Strategen der Militärbündnisse hingegen entwickelten Kriegsszenarien, in denen der Einsatz atomarer Waffen vorgesehen war, mal mehr, mal weniger. Um den Krieg zu vermeiden, musste man ihn richtig vorbereiten, lautete die Devise. Aufgrund der nuklearen Bedrohung unterschied sich der Strategiebegriff der USA und der NATO wesentlich von der älteren Konzentration auf die militärische Niederschlagung des Gegners. Im Kalten Krieg ging es vielmehr um die Planung der «Abschreckung», die den politischen Willen zum Einsatz der Waffen voraussetzte. Von der ersten gemeinsamen Planung 1952 an hatten die Strategien eine konventionelle und eine nukleare Dimension. Die erste Militärstrategie sah wegen der Unterlegenheit im konventionellen Bereich die sofortige atomare Reaktion der USA bei einem sowjetischen Angriff vor; die Doktrin der massiven Vergeltung (MC 14/2) setzte auf den frühzeitigen Einsatz taktischer Nuklearwaffen.

Das Entsetzen im Westen über den Start des ersten künstlichen Satelliten Sputnik 1957 – der «Sputnik-Schock» –, die neuen Langstrecken- und Interkontinentalraketen, die die regionale Begrenzung eines Konflikts unwahrscheinlich machten, sowie das nukleare Patt führten dann zur neuen Strategie der *Flexible Response*, wie sie Ende der 1960er Jahre genannt wurde. Der Schaden sollte auf ein Mindestmaß beschränkt werden, Nuklearwaffen wurden zu «politischen Waffen», die den Krieg verhindern sollten. Westdeutschland und Frankreich kritisierten dieses strategische Umdenken, weil die Westeuropäer im Fall des Scheiterns die Hauptleidtragenden gewesen wären. Frankreich verabschiedete sich 1966 aus der militärischen Kommandostruktur der NATO. Im Dezember 1967 trat die Doktrin MC 14/3 in Kraft, die als Reaktion auf einen Angriff zunächst die Direktverteidigung, dann die Eskalation und schließlich die allgemeine nukleare Reaktion vorsah, an der außer den konventionellen Streitkräften die nuklearen Kurz- und Mittelstreckenraketen sowie die strategischen interkontinentalen Atomwaffen beteiligt waren. Der «Harmel-Bericht» vom 14.12.1967 lieferte die sicherheitspolitische Interpretation. Ziel der NATO seien die militärische Sicherheit und die außenpolitische Entspannung. NATO-Staaten wie die Bundesrepublik sollten auf diese Weise nationale Sicherheit erlangen. Rückblickend steht fest: Der Atomkrieg fand nicht statt, sicher auch, weil er hätte stattfinden können.

Eine atomwaffenfreie Welt ist heute das Ziel. Zumindest hat US-Präsident Barack Obama 2009 in seiner Prager Rede erklärt, dass die USA «die Rolle von Atomwaffen in ihrer nationalen Sicherheitsstrategie reduzieren werden und andere anhalten, dasselbe zu tun». Bis heute sind die in der Bundesrepublik stationierten Atomwaffen Teil der nuklearen Abschreckung. Das gilt auch für Belgien, Italien, die Niederlande und die Türkei. Mehr als 60 Prozent der Deutschen befürworten indes den Abzug der Atomwaffen aus dem Luftwaffenstützpunkt Büchel in der Eifel. Ist nicht längst, wie Kritiker meinen, die Abschreckung mit konventionellen Waffen wieder glaubwürdiger, sprich effektiver?

94. Wurde die Wehrmachtführung vor dem Internationalen Militärgerichtshof als verbrecherische Organisation eingestuft? Nein, aber aus einem anderen Grund als dem, den man annehmen könnte. In Nürnberg unternahm ein Internationaler Militärgerichtshof erstmals den Versuch, das Unrecht eines Kriegsgegners auf dem juristischen Wege zu ahnden. Die Siegermächte unterschieden dazu Verbrechen gegen den Frieden, Kriegsverbrechen, Verbrechen gegen die Menschlichkeit und Mitgliedschaft in verbrecherischen Organisationen. Am 6.10.1945 wurde Anklage gegen 24 so genannte Hauptkriegsverbrecher und sechs Organisationen erhoben. Die Ankläger nannten als verbrecherische Organisationen neben SS/SD, Gestapo, SA, dem Reichskabinett und dem Führerkorps der NSDAP auch den Generalstab und das Oberkommando der Wehrmacht (OKW). Der Prozess begann am 20.11.1945 und endete am 1.10.1946 mit der Urteilsverkündung. Das Tribunal sprach zwölf Todesurteile aus, dreimal lebenslänglich und vier Haftstrafen. Als «verbrecherische Organisationen» stufte das Gericht SS, SD, Gestapo und das Korps der Politischen Leiter der NSDAP ein. Das OKW sollte zunächst wegen der Weitergabe des Kommissarbefehls und des Kugelerlasses (zur Erschießung geflüchteter und wieder ergriffener Kriegsgefangener) in dieselbe Kategorie fallen. Ähnlich wie im Falle des Generalstabs war das Gericht jedoch der Auffassung, dass die *organisatorische* Form nicht dem Organisationsbegriff genügte, der der Verurteilung zugrunde lag. Ob und inwiefern das OKW Verbrechen begangen hatte, darüber befand das Gericht in dem Moment nicht. Im Gegenteil sollte das Urteil den Weg für individuelle Verfahren in weiteren Prozessen freimachen. Angesichts des überschaubaren Kreises der Beteiligten könne sich so die individuelle Schuld besser feststellen lassen. So wurde 1947/48 in der Reihe der Nürnberger Nachfolgeprozesse Anklage gegen die «Südost-Generale» erhoben.

95. Was kostete der Krieg? Der Krieg kostete Geld und verlangte von der Bevölkerung große finanzielle Opfer in Form von Steuern und Anleihen, was die öffentliche Verschuldung explodieren ließ. Eingefrorene Gehälter und Preise hatten die Folgen der Inflation bis 1945 nur kaschiert. 156 Mrd. Dollar kostete er die Deutschen, 206 Mrd. die USA, 78 Mrd. die Briten. Die USA leisteten während des Krieges Finanz- und Waffenhilfe. Großbritannien hat umgerechnet 31,89 Mrd. Dollar erhalten, die UdSSR 11,29, Frankreich 3,23 Mrd. In Deutschland brach zunächst die Wirtschaft des Reiches zusammen, dann die Geldwirtschaft. Bis in den November 1944 hatte sich das Regime bei den Geldinstituten verschuldet, was kaum jemand merkte. Doch als die Deutschen ihr Geld nicht mehr zur Sparkasse trugen, weil die allgemeine Verunsicherung zu groß geworden war, griff der Staat auf die Notenpresse zurück und druckte sich sein Geld selbst. Bei Kriegsende waren 67 Mrd. Reichsmark in Umlauf (1943: 29 Mrd.); die Gesamtverschuldung lag bei rd. 380 Mrd. Reichsmark. Gleichzeitig war die Produktion von Verbrauchsgütern auf 10 bis 15 Prozent des Vorkriegszustands gefallen. Geld hatte als Tauschäquivalent ausgedient, der Schwarzmarkt blühte.

96. Warum lebten so viele Menschen auch nach Kriegsende in Lagern? Isolation nach außen, Baracken, räumliche Enge, keine Privatsphäre, strenge Regeln, schlechte Lebensbedingungen: Daran lässt der Begriff «Lager» bis heute denken. Die negativen Assoziationen stammen nicht zuletzt von der Erinnerung an die Massenquartiere, die das NS-Regime als Teil seiner Herrschaftspraxis geschaffen hatte: die Zwangsarbeits-, vor allem die Konzentrations- und Vernichtungslager. Die Bruchbuden des Lagers gehörten zum «Dritten Reich» wie die Prachtbauten der nationalsozialistischen Machtarchitektur; Historiker sprechen gar von einer Lagergesellschaft. Die schnell errichteten Massenquartiere waren zumeist als Provisorium gedacht. Nach Kriegsende hätten sie eigentlich abgerissen werden können – wenn es nicht erneut dringenden Bedarf für billige Massenunterkünfte auf Zeit gegeben hätte. Nach Kriegsende hielten sich 8,5 Millionen Menschen auf dem Gebiet des «Alt-Reiches» auf, deren Heimat ganz woanders lag. Die Alliierten bezeichneten sie daher als Displaced Persons oder kurz DPs. Bevor sie in ihre Herkunftsländer zurückkehrten, dorthin ausgeliefert wurden, in andere Länder weiterzogen oder als staatenlose Ausländer in den westlichen Besatzungszonen blieben, mussten sie in Lagern hausen.

Auch Deutsche waren nach Kriegsende in Lagern eingesperrt. Eine Gruppe bildeten die Kriegsgefangenen, die die Alliierten kurz vor und nach der Kapitulation in Deutschland gemacht hatten. Rund 4,8 Millionen befanden sich im Gewahrsam der Briten und Amerikaner. Es war natürlich viel praktischer, die Massen von Gefangenen vor Ort zu lassen, als sie nach Großbritannien zu verfrachten. Ihre Unterbringung und Versorgung warf zeitweise große Probleme auf. In den primitiven «Rheinwiesenlagern», einer Gruppe von etwa 20 Lagern im Rheinland, herrschten wochenlang katastrophale Verhältnisse. Auf den eilig mit Stacheldraht abgesperrten Ackerflächen vegetierten Hunderttausende auf freiem Feld. Landser, Volkssturmmänner, Hitlerjungen, auch Frauen hockten anfangs in selbst gegrabenen Erdlöchern, ohne Essen, ohne Wasser und ohne Toiletten, von ärztlicher Hilfe zu schweigen. Mehr als 5000 Menschen haben das nicht überlebt. Wer im März/April 1945 glaubte, es wäre besser, in westliche als in östliche Gefangenschaft zu geraten, sah sich enttäuscht. Die Annahme jedoch, dass die USA die Kriegsgefangenen – waren das nicht allesamt Nazis und Antisemiten? – absichtlich verhungern ließen, hat die Forschung widerlegt. Rund 750 000 Kriegsgefangene überließen die Amerikaner später den Franzosen, für die sie Minen räumen und in Bergwerken arbeiten mussten.

Eine zweite Gruppe deutscher Lagerbewohner saß zeitweise in Internierungslagern fest. Hier handelte es sich vor allem um Personen, die in den Augen der Besatzungsmächte im Verdacht standen, Straftaten begangen zu haben, und auf ihren Prozess und die Entnazifizierung warteten: Angehörige verbrecherischer Organisationen vor allem, aber auch mutmaßliche Kriegsverbrecher, die «automatisch» in Arrest genommen worden waren. Man nutzte dazu bereits bestehende Lager. Aus dem ehemaligen KZ Dachau beispielsweise wurde das amerikanische Internierungslager Dachau; hier fanden die Dachauer Prozesse statt. In der Sowjetischen Besatzungszone (SBZ) richtete die Militäradministration so genannte Speziallager ein, in denen bis 1950 zwischen 160 000 und 180 000 Menschen einsaßen, die der SMAD nicht genehm waren. So lag das Speziallager Nr. 2 auf dem Gelände des ehemaligen KZ Buchenwald bei Weimar. Über 7000 Menschen starben hier. Wurde dieses Kapitel der Lager-Geschichte zu DDR-Zeiten ausgeblendet, erinnert seit 1997 die Stiftung Gedenkstätte Buchenwald und Mittelbau-Dora an die Funktion des Ortes in der Zeit der NS- und der SED-Herrschaft (www.buchenwald.de).

97. Welche Folgen hatte der Weltkrieg für die Weltreiche? Gefragt nach den Folgen des Krieges, würde ein Deutscher sicher auf Flucht und Vertreibung, Besatzungsherrschaft und deutsche Teilung hinweisen. Vielleicht würde er, etwas allgemeiner, an die Zuspitzung des Ost-West-Konfliktes im Kalten Krieg erinnern, in dessen Zeichen sich das deutsch-deutsche Verhältnis entwickelte. Lässt man jedoch den national verengten Blickwinkel hinter sich und schaut aus der Vogelperspektive auf die Welt nach 1945, fallen andere, internationale Entwicklungen als Kriegsfolgen ins Auge. So hat sich vor allem das System der imperialen Mächte drastisch gewandelt. Wer zählte nach dem Krieg zu den Global Players und wer nicht mehr? Die großen Verlierer unter den Gewinnern waren die Kolonialmächte Großbritannien und Frankreich. Die Menschen im britischen Commonwealth und im französischen Nordafrika und in Schwarzafrika, die in den alliierten Armeen mitgekämpft hatten, beanspruchten mehr Rechte spätestens nach dem Sieg über die Achsenmächte, deren antikoloniale Propaganda ein Übriges getan hatte. Während Frankreich mit der *Union française* am Kolonialprinzip festhielt, im Indochinakrieg kämpfte und Aufstände niederschlug wie auf Madagaskar, lockerte Großbritannien den Zusammenschluss im Commonwealth und gewährte staatliche Souveränität wie in Indien und Pakistan 1947.

Die stalinistische UdSSR hatte zwar die meisten Opfer zu beklagen, sie ging gleichwohl als Sieger aus dem Zweiten Weltkrieg hervor. Zum einen dehnte sie ihr Territorium um mehr als 700 000 Quadratkilometer aus und sicherte sich die Herrschaft über die osteuropäischen Satellitenstaaten. Zum anderen festigte Stalin seine Herrschaft im Inneren. Die Deportation und Dezimierung ganzer Volksgruppen wie der Tschetschenen oder Balten und die Ausbeutung von 80 Prozent der ehemaligen sowjetischen Kriegsgefangenen in den Zwangsarbeits- und Straflagern, dem Gulag, wo auch viele zwangsrepatriierte Sowjetbürger nach Kriegsende landeten, stabilisierten die brutale Diktatur Stalins, der als Führer im «Großen Vaterländischen Krieg» zugleich im Mittelpunkt eines Personenkultes stand.

Der neue Stern am Himmel der Weltmächte ging jedoch im Westen auf. Die Vereinigten Staaten standen 1945 auf dem Höhepunkt ihrer Wirtschaftskraft. Ihr technologischer Vorsprung, ihre internationale Finanzmacht und ihr militärisches Potenzial machten sie zu einer Supermacht, die sich schon bald als Antipode der UdSSR erwies. Die USA prägten durch Wirtschafts- und Militärhilfe, namentlich im Zuge des Marshallplans, die Nachkriegsentwicklung in Europa. Das Ziel der Atlantikcharta – ein Kriegsziel – wurde indes nicht erreicht. Die Verbreitung der Demokratie scheiterte am sowjetischen Imperialismus, und die Vereinten Nationen erwiesen sich als Papiertiger, weil es im Sicherheitsrat keinen Konsens gab. Die Konfrontation der Weltreiche ließ die Menschen wenige Jahre nach dem Ende des Zweiten Weltkriegs einen Dritten Weltkrieg fürchten.

Eine internationale Kriegsfolge war auch die Gründung der Vereinten Nationen auf einer weiteren Konferenz in San Francisco, wo am 26. Juni 1945 50 Staaten – allesamt Kriegsgegner Deutschlands –

die Charta der UN beschlossen. Auf ihrer Grundlage sollte die internationale Sicherheit gewährleistet und den Menschenrechten Geltung verschafft werden. Dass die UNO sich schließlich nicht mehr gegen Deutschland richtete, zeigte sich formal mit der Aufnahme der beiden deutschen Staaten 1972.

98. Warum war der 8. Mai 1945 ein Tag der Befreiung? Endlich frei! Mit der bedingungslosen Kapitulation brach die nationalsozialistische Diktatur definitiv zusammen. Auf Drängen und mit Unterstützung der westlichen Alliierten nahmen die Deutschen einen zweiten Anlauf auf eine demokratische Staats- und Gesellschaftsordnung. Endlich frei? In der Sowjetischen Besatzungszone führte die stalinistische Herrschaft der SED schon bald zu einem neuen Unrechtsregime. So oder so: Der Sieg der Anti-Hitler-Koalition beendete einen Weltkrieg, der sowohl durch seine Totalität der Kriegführung wie auch die Verquickung mit dem organisierten Massenmord ein bis dahin nicht gekanntes Maß an Grausamkeit bedeutete. Mit dem Zusammenbruch des «Dritten Reiches» endete zugleich jene Diktatur, deren Rassismus den gesellschaftspolitischen Motor für die Verfolgung und Ermordung der Feinde der «Volksgemeinschaft» ermöglicht hatte. Der Versuch des nationalsozialistischen Deutschland, ganz Europa seiner totalitären Herrschaft zu unterwerfen und sein Territorium unter rasseideologischem Vorzeichen vom Atlantik bis zum Ural auszudehnen, war gescheitert.

Der 8. Mai markiert daher wie kaum ein anderes Datum in der (deutschen) Geschichte des 20. Jahrhunderts eine Wendemarke. Er ist *der* historische Bezugspunkt der Gedenkveranstaltungen zum Zweiten Weltkrieg. Doch während der Tag in Ostdeutschland umgehend als Tag der Befreiung (durch die Rote Armee) deklariert wurde, wussten die Westdeutschen lange nichts Rechtes damit anzufangen. Den meisten galt er jahrzehntelang, einigen gilt er bis heute als Tag der Niederlage, der deutschen Katastrophe. Außerdem wollten die Westdeutschen nicht dasselbe feiern wie die Ostdeutschen; der Termin schien bereits vergeben. Zum 40. Jahrestag stellte Bundespräsident Richard von Weizsäcker klar, dass die Deutschen den 8. Mai als einen Tag der Befreiung von der Diktatur betrachten sollten. Für die Ostdeutschen traf das im selben Maße freilich erst vier Jahre später zu. Mit dem 8. Mai wird Geschichtspolitik betrieben. Bis heute bildet der Rückblick auf Kriegsende und Neubeginn (zunächst im Westen) das

Wertefundament der gegenwärtigen und künftigen Politik durch einen antitotalitären Konsens. Dem widerspricht nicht, dass die große Mehrheit der Zeitgenossen am 8. Mai anderes im Sinn hatte, als sich befreit zu fühlen – falls sie das offizielle Kriegsende überhaupt mitbekamen. Über ihre wiedergewonnene Freiheit freuten sich die Verfolgten; die meisten «Volksgenossen» fühlten sich einfach nur erleichtert, dass der Krieg endlich aus war. Im Unterschied zu der privaten Erinnerung hat das *öffentliche* Gedenken dem Rechnung zu tragen, was im Rückblick feststeht: dass die Katastrophe der Preis für eine dauerhafte freiheitliche Neuordnung gewesen ist.

99. Warum kann die Wehrmacht keine militärische Tradition für die Bundeswehr stiften? Wie ein feiner Filter trennt «Tradition» die bekömmlichen Bestandteile der Vergangenheit von den ungenießbaren. Nur der historische Stoff, der diesen Filter durchläuft, gilt in der Bundeswehr als «traditionswürdig». Davon sind die Wehrmacht und der Weltkrieg besonders betroffen. Denn der Traditionsbegriff im engeren Sinn ist wertorientiert. Das Grundgesetz ist der Maßstab für Traditionsverständnis und Traditionspflege der Truppe, was wiederum deren Bindung an demokratische Normen unterstreicht. Historische Vorbilder sollen den Soldatinnen und Soldaten gültige Wertvorstellungen deutlich machen. Neben der eigenen, mittlerweile 50-jährigen Vergangenheit gehören zu dieser wertebezogenen Auswahl aus der Geschichte ganz offiziell die preußischen Heeresreformen des frühen 19. Jahrhunderts sowie der militärische Widerstand gegen Adolf Hitler. Der historische Filter ist Chefsache. Seit 1965, dann erneut seit 1982 regelt ein Traditionserlass den richtigen Umgang mit der militärischen Vergangenheit. Das war nötig geworden, um mancherlei Wildwuchs in der Traditionspflege vor Ort zu begegnen. Mancher Kompaniechef ließ sich noch von Wertvorstellungen aus Wehrmachtszeiten leiten, schließlich waren die deutschen Streitkräfte Mitte der fünfziger Jahre mit ehemaligen Führern und Unterführern aufgebaut worden.

«In den Nationalsozialismus waren Streitkräfte teils schuldhaft verstrickt, teils wurden sie schuldlos mißbraucht», heißt es im Traditionserlass von 1982 und weiter: «Ein Unrechtsregime, wie das ‹Dritte Reich›, kann Tradition nicht begründen.» Das Filterprinzip ist klar. Die Wehrmacht war als Organisation eine tragende Säule des nationalsozialistischen Unrechtsregimes und kann deshalb kein Vorbild für die Armee eines demokratischen Staates sein, der sich nicht zuletzt durch die Abgrenzung gegenüber der NS-Diktatur definiert. Schwieriger wird es offenbar, wenn es um einzelne Personen geht. Exzellentes militärisches Know-how reicht da nicht. Einzelne Soldaten und Offiziere sind nur dann traditionswürdig, wenn sie für Recht und Menschlichkeit, mithin gegen das verbrecherische Regime eingetreten sind. Das trifft auf die Männer und Frauen des militärischen Widerstandes ebenso zu wie etwa auf Soldaten, die verfolgte Menschen gerettet oder sich auf andere Weise aus humanitärer Überzeugung gegen den Nationalsozialismus gewendet haben. Auf den Kern des Problems verweisen so manche Kasernennamen, über die in den letzten 15 Jahren heftig gestritten wurde. Hatte man doch vor Ort militärische Führer auch der Wehrmacht vor allem aufgrund ihrer militärischen Leistung zu Namenspatronen gewählt. Das bekannteste Beispiel ist eine Kaserne in Füssen, die 1964 nach dem nationalsozialistischen General der Gebirgstruppe Eduard Dietl benannt worden war. Verteidigungsminister Volker Rühe (CDU) benannte sie 1995 nach jahrelangen Streitereien in «Allgäu-Kaserne» um. Der Kameradenkreis der Gebirgstruppe war nicht begeistert.

100. Was ist am zweiten Sonntag vor dem Ersten Advent in der Neuen Wache los? Am Grab trauern die Angehörigen um ihre Toten. Doch wo kann man trauern, wenn die letzte Ruhestätte im Ausland liegt, ihre Lage unbekannt ist oder sie gar nicht existiert? Dann werden Denkmäler zu symbolischen Erinnerungsorten, wo sich die Überlebenden an speziellen Gedenktagen treffen, um gemeinsam der Gefallenen und Vermissten zu gedenken. So war es nach dem Ende des Ersten Weltkriegs, als der 1919 gegründete «Volksbund Deutsche Kriegsgräberfürsorge» (VDK) die Pflege der Soldatengräber im In- und Ausland und seit 1925 die Organisation eines einheitlichen Gedenktages, des «Volkstrauertages», übernahm, der einige Wochen vor Ostern gefeiert wurde und im religiösen Erlösungsglauben Trost bot.

Die Nationalsozialisten instrumentalisierten das Gefallenengedenken in ihrem Sinne. Nicht die Trauer um die toten Soldaten, sondern die Verherrlichung ihrer Opferbereitschaft und ihrer militärischen Leistungen zu Lebzeiten stand im Mittelpunkt der landesweiten Veranstaltungen zum «Heldengedenktag», der 1934 den Volkstrauertag ersetzte. Indem Hitler den 16. März, das Datum der

Wiedereinführung der Wehrpflicht, als Termin festlegte, riss er das Gedenken aus seinem religiösen Zusammenhang.

Nach dem Zweiten Weltkrieg war es mit der Heldenverehrung erst einmal vorbei, schon weil die Alliierten sie verboten. Erst 1952 griff die Bundesregierung auf die Tradition des Volkstrauertages zurück, um der Opfer *beider* Weltkriege zu gedenken. Als Zeichen der Abgrenzung vom NS-Regime wurde das Datum auf den zweiten Sonntag vor dem Ersten Advent verlegt und so der kirchliche Bezug wieder hergestellt. Der VDK übernahm erneut eine tragende Rolle, unterstützt von der Bundeswehr. In der DDR gab es ebenfalls ein Datum, an dem an die Zeit vor 1945 erinnert wurde: den «Gedenktag für die Opfer des Faschismus». Für die SED waren die Kriegstoten nicht so sehr Gefallene oder gar Helden, sondern Opfer des NS-Regimes. Nach einem zentralen Erinnerungsort mussten die Sozialisten nicht lange suchen. Im Ostteil Berlins, an der Paradestraße Unter den Linden, liegt nämlich die von Friedrich Schinkel 1817/18 gebaute «Neue Wache», ein Hauptwerk des deutschen Klassizismus, das ab 1931 als Ehrenmal für die Gefallenen des Ersten Weltkriegs, dann als Feierstätte des Heldengedenktags gedient hatte. Die SED ließ die Neue Wache zu einem Mahnmal umbauen und inszenierte hier ab 1960 ihr Gedenken an den «Kampf gegen Militarismus und Faschismus». Neben dem Grab des «Unbekannten Widerstandskämpfers» befand sich dort das Grab eines «Unbekannten Soldaten»; in der Mitte stand ein Glaskörper mit Ewiger Flamme. Die westdeutsche Regierung hatte davon abgesehen, ihrerseits einen parallelen zentralen Erinnerungsort für Staatsakte zu errichten, schließlich sollte das Gedenken der *einen* Nation nicht entzweit werden.

Nachdem sich dieses symbolpolitische Problem durch die Wiedervereinigung in Luft aufgelöst hatte, machte sich die Bundesregierung daran, die Neue Wache erneut umzugestalten. Insbesondere wurde eine vergrößerte Nachbildung der Skulptur von Käthe Kollwitz' «Mutter mit totem Sohn» aufgestellt. Dafür hagelte es Proteste. Schloss das christliche Pietà-Motiv nicht eben jene unschuldigen Opfer aus, die Juden und die Frauen, an die doch erinnert werden sollte? War ein Motiv, das Opferbereitschaft und Geborgenheit im Tode signalisiert, nicht unzeitgemäß? Zur Einweihung im November 1993 wurde deshalb am Eingang eine Gedenktafel angebracht, auf der die verschiedenen Opfergruppen aufgelistet sind, derer gedacht werden soll: die Gefallenen der Weltkriege und die, die durch die Kriege gelitten haben; die Opfer der Kriegsfolgen und der Vertreibung; die ermordeten Juden, Sinti und Roma, Homosexuelle und «Euthanasie»-Opfer; die Frauen und Männer des Widerstandes; schließlich jene, die verfolgt und ermordet wurden, «weil sie sich totalitärer Diktatur nach 1945 widersetzt haben». Seitdem dient die Neue Wache als zentrale Gedenkstätte der Bundesrepublik Deutschland für die «Opfer von Krieg und Gewaltherrschaft». Am Volkstrauertag ehren hier hohe Politiker die Toten mit einer Kranzniederlegung. Die Ehrenwache stellt jetzt das Wachbataillon der Bundeswehr. Die Widmung greift die bereits im Kalten Krieg übliche Formel auf, mit der sich die Erinnerung an die NS-Diktatur mit der Kritik an der Gewaltherrschaft in Ostdeutschland trefflich verbinden ließ. Am Ende der Gedenktafel heißt es: «Wir gedenken aller Frauen und Männer, / die verfolgt und ermordet wurden, weil sie sich totalitärer Diktatur nach 1945 / widersetzt haben». Das Gedenken an die toten Soldaten, die ja nicht nur passiv Leidende waren, geht in der Erinnerung an eine Vielzahl unschuldiger Opfer verschiedenster Formen von Gewalt auf. Immer noch besser als die Versuche von Rechtsextremisten, am Volkstrauertag Kriegsgräberstätten wie in Halbe, Seelow oder Spremberg als Kulissen für ein «Heldengedenken» zu missbrauchen.

101. Welche militärischen Abkürzungen sollte man kennen, um im Archiv mit Wehrmacht-Akten klarzukommen? Die Sprache des Soldaten ist von allerlei Abkürzungen durchsetzt. AküFi, Abkürzungsfimmel, lautet die selbstironische Diagnose. Doch Abkürzungen sind nicht nur praktisch, weil sie die Kommunikation beschleunigen, zack, zack. Als Teil des Sprachmilieus festigen sie auch die Grenzen des Militärmilieus; nur Insider können mitreden. Freunde der deutschen Sprache seien vor dem minimalistischen Satzbau, den gestauchten Begriffen und eigenwilligen Wortschöpfungen gewarnt. Stößt man wie im Bundesarchiv-Militärarchiv in Freiburg i. Br. auf Abkürzungen aus der Vergangenheit, wird die Sache noch komplizierter. Einige Abkürzungen wurden an anderer Stelle bereits aufgelöst. Hier weitere Tipps für «Outsider»:

Ia	Erster Generalstabsoffizier (Führung und Ausbildung)
Ib	Quartiermeister (Verwundeten- und Versorgungsdienste)
Ic	Dritter Generalstabsoffizier (Feindlage und Abwehr)
AHA	Allgemeines Heeresamt

AK	Armeekorps
AOK	Armeeoberkommando
Art.	Artillerie
BdE	Befehlshaber des Ersatzheeres
ChefHRü	Chef der Heeresrüstung
Div.	Division
Dulag	Durchgangslager (für Kriegsgefangene)
E. K.	Eisernes Kreuz
Fla	Flugabwehr
HGr.	Heeresgruppe
HKL	Hauptkampflinie
HL	Heeresleitung
i. G.	im Generalstab
Inf.	Infanterie
Kav.	Kavallerie
Kdo.	Kommando
Kp.	Kompanie
KSSVO	Kriegssonderstrafrechtsverordnung
Lw	Luftwaffe
mech.	mechanisiert
mot.	motorisiert
NSFO	Nationalsozialistischer Führungsoffizier
OB	Oberbefehlshaber
ObdH	Oberbefehlshaber des Heeres
ObdL	Oberbefehlshaber der Luftwaffe
ObdM	Oberbefehlshaber der Marine
Offz.	Offizier(e)
OKH	Oberkommando des Heeres
OKW	Oberkommando der Wehrmacht
Pz.	Panzer
PzK	Panzerkorps
Stuka	Sturzkampfflugzeug
T-Boot	Torpedoboot
Verb.	Verband
W. O.	Wachhabender Offizier
z. S.	zur See

(ohne Abk. der Dienstgradbezeichnungen)

101 Fragen

Johann Hinrich Claussen
Die 101 wichtigsten Fragen – Christentum
3. Auflage. 2007. 150 Seiten mit 12 Abbildungen. Paperback
Beck'sche Reihe Band 1676

Stefan Rebenich
Die 101 wichtigsten Fragen – Antike
2., durchgesehene Auflage. 2008. 160 Seiten mit 12 Abbildungen und 2 Karten. Paperback
Beck'sche Reihe Band 1689

Wolfgang Benz
Die 101 wichtigsten Fragen – Das Dritte Reich
2. Auflage. 2007. 144 Seiten. Paperback
Beck'sche Reihe Band 1701

Christof Mauch
Die 101 wichtigsten Fragen – Amerikanische Geschichte
2008. 176 Seiten mit 10 Vignetten. Paperback
Beck'sche Reihe Band 1772

Hans van Ess
Die 101 wichtigsten Fragen – China
2008. 160 Seiten mit 8 Abbildungen und 1 Karte. Paperback
Beck'sche Reihe Band 1799

Herwig Wolfram
Die 101 wichtigsten Fragen – Germanen
2008. 160 Seiten mit 41 Abbildungen im Text. Paperback
Beck'sche Reihe Band 1867

Verlag C. H. Beck München

101 Fragen

Claudia Märtl
Die 101 wichtigsten Fragen – Mittelalter
3. Auflage. 2009. 159 Seiten mit 20 Abbildungen. Paperback
Beck'sche Reihe Band 7002

Ursula Spuler-Stegemann
Die 101 wichtigsten Fragen – Islam
2., durchgesehene Auflage. 2009. 149 Seiten. Paperback
Beck'sche Reihe Band 7005

Edgar Wolfrum
Die 101 wichtigsten Fragen – Bundesrepublik Deutschland
2009. 152 Seiten. Paperback
Beck'sche Reihe Band 7018

Ilko-Sascha Kowalczuk
Die 101 wichtigsten Fragen – DDR
2009. 159 Seiten mit 9 Abbildungen. Paperback
Beck'sche Reihe Band 7020

Gero von Wilpert
Die 101 wichtigsten Fragen – Schiller
2009. 158 Seiten mit 11 Abbildungen. Paperback
Beck'sche Reihe Band 7017

Gero von Wilpert
Die 101 wichtigsten Fragen – Goethe
2007. 166 Seiten mit 11 Abbildungen. Paperback
Beck'sche Reihe Band 1754

Verlag C. H. Beck München